ミステリーで解く
般若心経

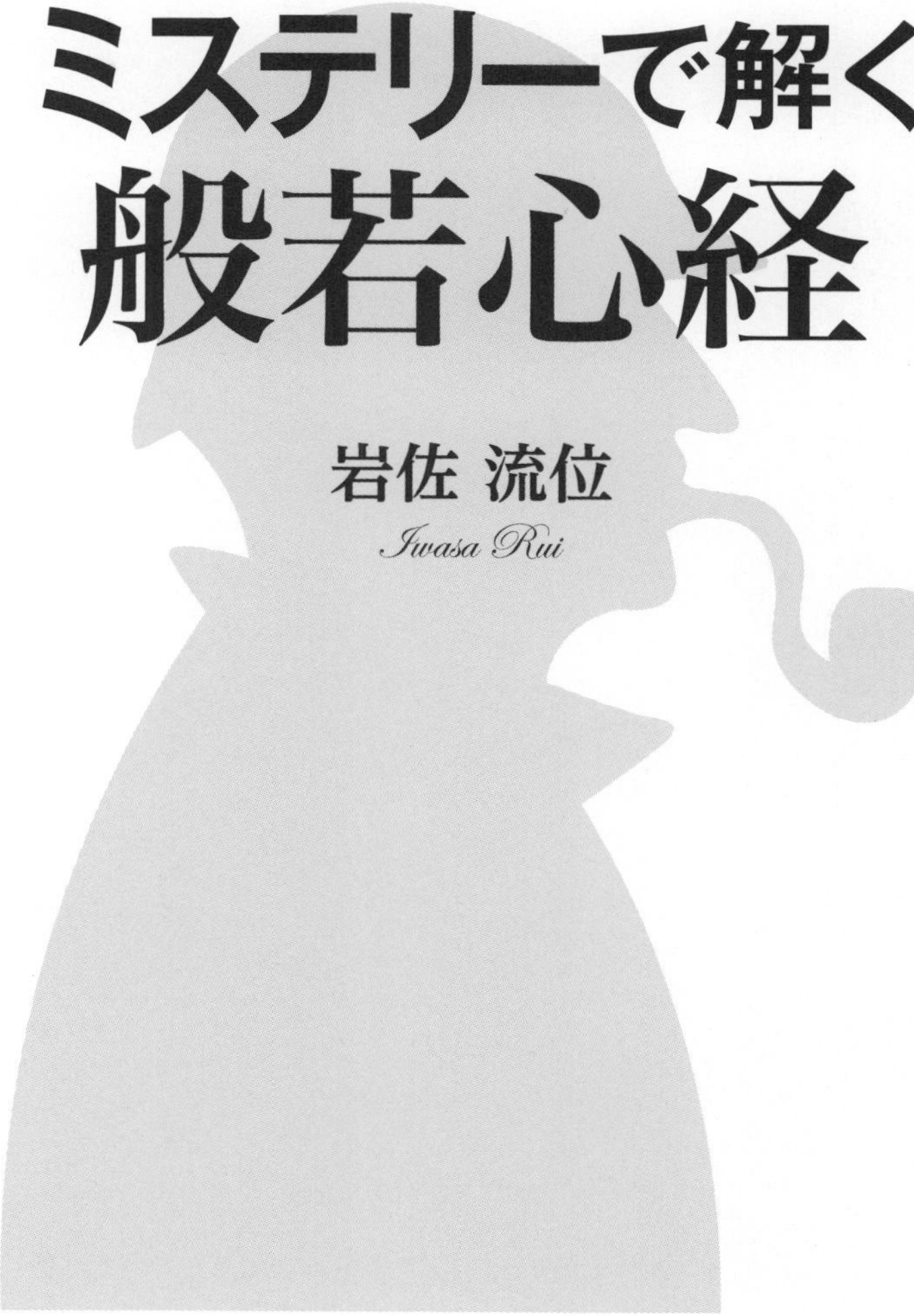

岩佐 流位

Iwasa Rui

たま出版

はじめに

般若心経は短いお経です。二六二文字というのは極端ともいえる短さです。たとえばですが、ツイッターは一回の文字数制限が一四〇字ですから、連鎖ツイートを使えば二回で掲載できる量といえます。２ツイートサイズというところですね。

多くの解説本では、ここには大般若経六百巻の神髄が記されていると説明しています。般若心経の題名である『般若波羅蜜多心経』は、「完全な到彼岸の智恵の心髄の経典」という意味ですから、そんな貴重な情報がツイッターで手軽に得られるとなれば、これはすごいことです。

現在ツイッターで般若心経を検索してみると、多くのツイートが表示されます。しかしそのほとんどは、旅先で掲げられているものを見たとか、写経した、あるいは唱えたらいいことがあったというものです。いってみれば、般若心経に対する報告や感想といったところですね。当然のことですが、これらのツイートを読んだからといって、般若波羅蜜多の教えを理解したことにはなりません。

私も般若心経を読んでみました。読み方も意味もわからないので、解説本を買いました。一冊目で理解できなかったため、他にも何冊か買いました。図書館でも何冊か借りました。読んだのは二十冊を超えましたが、到彼岸の智恵を理解できたとはいえません。

おそらくは論語にあるように、「朝に道を聞きては、夕べに死すとも可なり」の境地にならないと、理解したとはいえないのでしょう。

それでは、皆さんは理解されているのでしょうか。気になって解説本のレビューを見てみました。

「楽しく読めた」「気持ちが楽になった」「心が軽くなった」

良い評価が並んでいます。けれど「死すとも可なり」といった感想には巡り合うことはできませんでした。本の評価は最高点ばかりなのですよ。感想は的を外しているように感じられるのに、なぜ満足できるのでしょうか。

話は変わりますが、みなさんは3Dステレオグラムというのをご存じでしょうか。目の焦点を意図的に前後にずらして合わせることで文字が見えたり絵や写真が浮かんできたりする立体画、立体図のことで、見える人にははっきり見えるのに、見えない人にはまったく見えないものです。ただし、ポイントを教えてもらえれば、ほとんどの人は読めるようになるとのことです。

般若心経もまったく同じだと思います。おそらくはまだ、そのポイントが周知されていないのでしょう。

どこにも書いてないのであれば、自分たちで探すしかありません。さあ、謎解きの旅にでかけましょう。

ミステリーで解く般若心経——

目次

第二章　本格的な捜査の開始

第三章　意外な結末

最後に

第一章

初動捜査

般若心経とミステリー

ミステリーの本来の意味は「神秘」とか「不思議」ですが、一般的には推理小説を指しますね。

推理小説の面白さといえば刑事や探偵が、幾多の困難を乗り越えて犯人を追い詰めていくところです。犯人が最初からわかっていて、仕掛けられたトリックを解き明かすものもあれば、証拠を集めて、数人の容疑者から犯人を特定していくものもあります。どちらにも共通していることは「謎を解き明かす」ことです。

推理小説といえば殺人を題材にしたものが多いのですが、殺人者が出てこないミステリーもあります。皆さんよくご存じの作家、エドガー・アラン・ポーの『黄金虫』などが代表といえるでしょうか。

この小説は財宝を探すことが主題になっていますが、政治家や実業家などの悪事を暴いていくものも人気があります。人気の時代劇である『水戸黄門』は、毎回このテーマをストーリーに織り込んでいますね。

さて、トリックが五つあって刑事が解いたのは三つだとします。現実の事件であればこれが当たり前で、交友関係とか状況証拠でその欠けた部分を埋めていくのですが、推理小説でこれをしたら読者は満足してくれるでしょうか。用意したトリックくらい全部解き明かしてくれよ、となりますよね。

般若心経の解説本のほとんどはこのタイプです。一見すべてに答を出しているように見えて、わからないところに来るとさらりと流すか、関係が疑問視されるエピソードでカバーしています。

仏教の経典をミステリーで解き明かすというと、眉をしかめる方もいるかもしれません。しかし現実を見て下さい。どんな解説本でも謎解きはしています。謎を解かないと成り立たないからです。それならば真正面から挑んだ方がいいと思いませんか。

解説本の残りは、解き明かすのではなく最初からそう断って、淡々と直訳するものです。専門に研究している学者が多く、解き明かすというよりは学術的に研究することを目的にしている人たちです。当然面白いエピソードはありません。

SNSで評価の高い本は、般若心経に関連する部分をすべて抜き取っても、同じ評価が得られるのではないかと感じます。つまり評価はエピソードの量と質で決まるということです。

わかりやすい解説を目指すのであれば、具体例はないよりあった方がよいでしょう。しかし、エピソードの面白さを競った結果、真面目に取り組んだ本が駆逐されてしまったら、ふと感じた疑問を解決することはできなくなってしまいます。

専門に研究している人は、推理小説では鑑識や検視官といった形で登場します。主役になることは少ないのですが、必要不可欠な役柄といえるでしょう。この書でもそういう人たちの訳が役に立っています。

話は外れますが、これらの仕事はAI、つまりロボットがおこなった方が速くて正確です。ではなぜ人がおこなうのかというと、想定外があるからです。

過去の事例をすべて記憶しているロボットでも、新しいトリックはわからないでしょうし、推理小説にAIを登場させてしまったら、ハラハラすることがなくなってしまいます。しかしホームズのワトソン役がスターウォーズのC－3POとR2－D2なら、いい味を出してくれるかもしれません。

話を元に戻し、般若心経で日本人にもっとも愛読されているのは、冒頭で紹介した『般若波羅蜜多心経』ですが、それは三蔵法師として有名な唐の玄奘によって翻訳されたものです。

「完全なる彼岸到達の智恵」、もう少しわかりやすくいえば、「完全にあの世に行ける方法」となります。あの世が見えてなければこんな題名は付けられません。

SNSで高評価を与えている方は、そこに至る途中の段階として心が軽くなったり、楽しい気持ちになることもあるはずだ、と反論するでしょう。

そんな方に、般若心経の中ほどにある「無智亦無得」の一節を紹介します。暗記されている方ならご存じですね。

次の一覧は右から漢文（玄奘訳）、サンスクリット原典、読み方、原典からの英訳となっており、左は形が似ている欧米の諺とその訳を加えました。

無智亦無得
न ज्ञानंम् न प्राप्तिः
ナ　ジュニャーナン　ナ　プラープティヒ
No wisdom, no gain.
No pain, no gain.
痛みがなければ得るものもない

原典のナは否定、ジュニャーナンは智恵、プラープティヒは得るものという意味で、諺と同様に英文を訳すと「智恵がなければ得るものもない」となります。宗教的な見方をすれば「理解できなければご利益《りやく》はなし」ということになりますね。つまりぼんやり見えている状態では、３Ｄステレオグラムと同じで見えないということです。この強いいい切りは、作者が苦い想いをした裏返しなのかもしれません。

さて、この訳は専門に研究されている方の解説にあったものですが、これを見て他にはなかった訳だと感じていただければ、この本も読む価値はあります。

訳本や解説本の筆者は、仏教やインドの研究者、僧侶は当然として、あらゆるジャンルの専門家がつながりを感じるとして出版してきました。中には宇宙や素粒子を研究する科学者も名を連ねています。経典で記されている内容と自分の研究に共通点があり、謎を解く鍵が科学の中にあるという発想なのでしょう。

しかしここでは、ときには皆さんも知っている諺を交えながら、謎を解く鍵は経典の中で探すというスタンスで進めます。

また、解説本におきまして、一つひとつの説明は納得できるのだが、全体を通して見ると何をいいたいのかがわからないといった傾向も見られます。ここでは個々の単語の意味は当然ですが、ストーリーを重視した解読を心掛けます。

もちろんミステリーには欠かせない、どんでん返しも提供できたらいいと思っています。しかしこればかりは先に準備することができませんので、般若心経側が用意してくれているかにかかっています。それでは捜査に入ってゆきましょう。

容疑と聞き取り調査

今回の捜査対象となる容疑は「般若心経は本当に到彼岸の智恵を説いているのか」ということです。日本では浄土系の信者が多く、死ねば阿弥陀様によって自動的に彼岸へ連れていかれることになっていますが、仏教の生まれたインドではまったく別の考え方です。

魂は、身体が何度死んでも転生を繰り返し、そのたびに病気や別れ、老いや死といった苦しみがあります。六道輪廻という言葉は聞いたことがあるでしょうか。人が死ぬと地獄、畜生、餓鬼、人界、修羅、天界のいずれかに転生するというものです。仏教の経典を読んでいると「衆生《しゅじょう》」という語がよく出てきます。これは大衆という意味ではなく、すべての動物という意味です。

なぜ馬や牛、カエルやアメンボまでが入るかというと、六道に畜生があるからなのですね。つまり魂というのは人に限定されるのではなく、牛でもカエルでも人と同じ魂を持っているということなのです。

余談ですが、人口が爆発的に増加する半面、様々な動物が絶滅したり激減しています。どちらが起爆剤になったかはわかりませんが、人が増えれば他の動物は減ります。家畜を殖やせば野生動物は減ります。絶滅した昆虫はたくさんいますが、その分、ハエや蚊やゴキブリは増えました。魂の数は増えたり減ったりしませんので、どれかが増えれば、どれかが減るのです。

少し脱線しましたが、人生には苦しみばかりでなく、楽しいこともたくさんありますね。しかしそれは若いころの話で、歳を取れば取るほど苦しみに苛まれることになります。この苦しみのサイクルから抜け出す唯一の方法が彼岸へ行くことなのです。

その方法を示しているのが経典ということになりますが、仏教だけでなく他の宗教にも経典はあります。キリスト教やイスラム教では、人生は一度きりで、死ぬと天国か地獄に送られることになります。地獄へ行くのが嫌なら、聖書やコーランに書かれていることを守りなさいということです。もっとも最近のキリスト教信者は、これだけの人が死んだら、いつか天国も地獄も定員オーバーになってしまうだろう、と危惧する人もおられると聞きます。

仏教はキリスト教、イスラム教と並び、世界三大宗教の一つと呼ばれていますが、他と異なるのは「すべては自分に帰する」ということなのですね。

だから仏教は神の存在を必要としません。否定するのではなく、自分のことは自分でしなさい、というスタンスなのです。

教えも基本は八正道だけです。これを守れば浄土に行けます。

ではこの八正道を知っている人はどれくらいおられるでしょうか。

正見
正語
正業
正命
正念
正思滟
正精進
正定

この本では、このような資料をサッと用意してくれる外部組織があります。科捜研は有名なのでご存じの方も多いと思いますが、ここで活躍してくれるのは書物捜査研究所、略して「書捜研」といいます。書物だけでなくＳＮＳも調査してくれますので、とても頼もしい存在です。本来なら科捜研にお願いするところなのですが、なにせ千五百年前の証拠探しになりますので、ほとんどは書物になってしまうのです。

さて、八正道ですが、知っている方、意外と少ないのですね。

というのも、八正道は小乗仏教の教えとされており、最澄や空海といった日本仏教の祖にあたる僧は中国で大乗仏教を学んでいますので、一部は入ってきていても、すべてを実践している宗派はないと思います。

禅宗では実践しているとしていますが、八正道を正式に取り入れたのは明治以降のことではないでしょうか。浄土系の方で知っているのは僧侶からではなく、本を読んで知ったケースの方が多いのではないかと思われます。

はじめて知った人は、たった八つの決まりごとを守るだけなのかと、驚かれるでしょう。

しかしこれが大変で、たとえば最初の「正見」というのは、正しく見るという意味です。なんだ、そんなの簡単じゃないか、と思われるかもしれません。

しかし想像してみて下さい。人は機械ではありませんから、見たくないものからは自然と距離を置きます。強烈な臭いを発する汚物や、車にひかれてしまった犬や猫、女性の場合は毛虫や芋虫も入ってくると思います。

その他、自分の思想に反する人のコラムなども、最後まで読むのは苦痛です。自我を抑えて客観的に物事を見るなど、なかなかできるものではありません。

話を戻します。六道輪廻がある以上、「南無阿弥陀仏」を唱えているだけで浄土へ行けると考えるのは虫のいい話です。

そこで登場するのが般若心経です。冒頭にも挙げました通り、この経典の名は「完全なる彼岸到達の智恵」です。これを唱えて浄土に行けないとなったら、看板に偽りがあることになります。

たとえば「この本を読めばやせる」という題の本でしたら、やせたい願望のある人が買いますね。それで本の中に書いてあることを実行し、もしやせなかったら文句をいうでしょう。中には裁判所に訴える人がいるかもしれません。

今のところ浄土に行けなかったと訴える人がいないのは、それが死んだ後のことで、訴える手段がないからとも考えられます。それを見越して嘘をついたのであれば、この作者はかなりの悪者といえるでしょう。

冒頭でも若干紹介しましたが、まだ死んでいない方に般若心経を読んだ感想を聞いてみましょう。これは書捜研に、アマゾンや楽天などのサイトで調べてもらったものです。本の名は伏せて感想だけ列記します。

- 楽しく読めた
- 心がスッキリした
- 元気になる
- 自分の日頃のおこないや考え方を見直すことができる
- 心が軽くなり、守ってくれている
- 存在すると同時に存在しないという量子物理学のよう
- 毎日の暮らしに役立つ
- 「空」は仏の生命力がいっぱいに詰まっている
- 「空」は無でなくスペースとの説明で「色即是空」が理解できた
- あらゆる現象が「空」とわかれば「涅槃」の安らぎに入れる
- 「空」について納得がいかなかった

肯定的な感想も否定的な意見もありますが、はっきりと「あの世」が見えたというところまではいっていません。というより心が楽になったり、気分がすっきりしただけで満足している人が多いのです。

しかし満足しているということは、読者の欲求が満たされていることになります。

続いて出版側からのキャッチコピーや目次を列記してみましょう。文字数の関係で加工しているものもあります。

●「見えない力」を味方にする
●大いなる全体性の中に溶け込んだ「いのち」のよろこびを取り戻す
●苦しみから解放される
●ものの道理が説かれていて日常で実践すればあなたの人生は明るく変わる
●小宇宙ともいえる凝縮された教え
●さまざまな災害や戦争で傷んだ人々のココロを癒す
●すべての悩みが小さく見えてくる
●目の前の困難障害を切り抜けたい

●到彼岸への修行を説く
●わくわくするような幸福感の中で生きたい
●癒される、落ち着く、仕事に集中できる
●276文字に凝縮された、この世を生きるための智恵
●仏教の神髄とともに、生きるヒントを得る
●ラクに生きられるヒントに心がほっとする

いかがですか、あの世が見えてくると感じられた本はありましたか。どう死ぬかではなく、どう生きるかがメインテーマになっていると感じます。話題に挙げている本もありましたが、答を般若心経の中に求めてはいませんでした。

突然ですが、あなたにも死は必ず訪れます。その際に臨み、あなたは叫ぶでしょう。死にたくない。自分はどこへ行くのか、自分はどうなるのか、と。

あなたが求めていた解説本に、その答はありませんでした。それはあなたたちが望んだことです。真実は一つしかありません。売れている本は、確かに面白いエピソードが満載です。著者の交友関係の広さもあると思いますが、他では聞けない話題もあ

り、引き込まれていく気持ちはよくわかります。

もう一度聞きます。あなたの心は真実を求めているのですか、それとも甘い嘘を望んでいるのですか。

到彼岸の智恵という題名から考えても、般若心経はあの世を少しでも見せてくれる経典だと私は信じます。信じるからこそ捜査本部を立ち上げることにしたのです。

臨場

事件において所轄署や本庁の刑事、鑑識が現場に出向くことを臨場といいます。今回の調査では、般若心経という経典を見分することです。本来なら最初にサッと一読して捜査に入っていくところですが、一度は目にされている方も多いと思いますので、問題点の洗い出しを並行して実施します。

さて、ミステリーで解くと宣言したからには、般若心経のどこにミステリー性があるかを先に話さねばなりませんね。

般若心経は大乗仏教の経典とされていますが、ルールを破っていることをご存じでしょうか。多くの解説本に書かれていますが「如是我聞」がありません。

これは「私はこう聞きました」という意味で、釈尊の言葉であることを示しているわけですが、般若心経にはこれがないのです。それでは釈尊が出てくるかというと、それもありません。その理由を明確に答えている本にも、なかなか巡り合うことができません。つまり謎なのです。

般若心経には、この如是我聞がない「小本」と、ある「大本」が存在します。一見、大本を圧縮したのが小本と考えがちですが、先に記されたのが小本であることは間違いありません。

つまり大乗の、仏典としての体裁を整えるためにつくられたのが大本といえるでしょう。小本の内容を確実に理解していたのであれば問題ありませんが、それなら逆に小本が残されている理由がわからなくなります。

如是我聞の問題だけを取り上げると、小乗仏教の経典はすべてミステリーになってしまいますね。実はもう一つ大きな謎があるのです。

それは般若心経の冒頭です。サンスクリットの原典には、玄奘訳にはない一節があります。後ほど詳しくお話ししますが、意味は「すべてを知る智者に捧げる」というものです。仏典で「すべてを知る智者」は釈尊ということになりますが、般若心経を読んでもそれが誰であるかわかりません。つまり将来これを読む者に向けて書かれているのではないかと思えるのです。

私には「最高の智者と自負している者だけが挑戦するがいい。フフフ、このミステリーが解けるかな」とでもいっているように感じられました。般若心経を読んでいるミステリー好きなら、これはもう受けるしかありませんよね。

その他にわからないこともあります。それは親鸞、日蓮といった信者を多く持つ宗派の開祖が、般若心経を採用していないことです。一般には無量寿経や法華経があれば不要と判断したという消極案が主流ですが、師である法然が取り入れているものをあえて排除したとなれば、そこには明確な理由があるはずです。これも正確に訳していくことで謎が解き明かされるかもしれません。

それでは漢訳から見ていきましょう。

般若波羅蜜多心経
観自在菩薩行深般若波羅蜜多時照見五蘊皆空度一
切苦厄舎利子色不異空空不異色色即是空空即是色
受想行識亦復如是舎利子是諸法空相不生不滅不垢
不浄不増不減是故空中無色無受想行識無眼耳鼻舌
身意、無色声香味触法無眼界乃至無意識界無無明
亦無無明尽乃至無老死亦無老死尽無苦集滅道無智
亦無得以無所得故菩提薩埵依般若波羅蜜多故心無
罣礙無罣礙故無有恐怖遠離一切顛倒夢想究竟涅槃
三世諸仏依般若波羅蜜多故得阿耨多羅三藐三菩提
故知般若波羅蜜多是大神呪是大明呪是無上呪是無
等等呪能除一切苦真実不虚故説般若波羅蜜多呪
即説呪曰羯諦羯諦波羅羯諦波羅僧羯諦菩提薩婆訶
般若心経

これが全文ですが句点はおろか読点もほとんどなく、誰もが初めて見たときはどこ

で切ってよいのかわからなかったと思います。

次はサンスクリットの原典です。読みと訳は都度書いてゆきますので、覚える必要はありません。今回、一つだけ注目して欲しいのは、所々にある縦棒です。ダンダという名で、一本線のものと二本線のものがあります。それぞれが句点と段落と考えて下さい。

これを基に漢文を区切り、ダンダからダンダまでを一つのまとまりとして処理していきます。ですから一回が長いものと極端に短いものが出てきます。それはこのような理由によるものと理解して下さい。

以後一本線をダンダ、二本線を二重ダンダと呼んでいきます。

文字に馴染みがないため面倒だと感じるかもしれませんが、文法的には英語と中国語が似ているように、サンスクリットと日本語は似ています。文字さえ慣れれば意外と親しみが持てるようになるかもしれませんよ。

नमस् सर्वज्ञाय आर्य अवलोकितेश्वरो
बोधीसत्त्वो गंभीरायां प्रज्ञापारमितायां
चर्यां चरमाणो व्यवलोकयति स्म ।
पंच स्कंधाः । तांश्च स्वभावशून्यान् पश्यति स्म ।
इह शारिपुत्र रूपं शून्यता शून्यतैव रूपम्
रूपान् न पृथक् शून्यता शूनियताया न पृथक् रूपम्
यद् रूपम् सा शून्यता या शून्यता तद् रूपम् ।
एवम् एव वेदना संज्ञा संस्कार विज्ञानानि ।
इह शारिपुत्र सर्व धर्माः शून्यता लक्षणा अनुत्पन्ना अनिरुद्धा
अमला न विमला नोना न परिपूर्णाः ।
तस्माच् शारिपुत्र शून्यतायां
न रूपम् न वेदना न संज्ञा न संस्कारा न विज्ञानम् ।
न चक्षुः श्रोत्र घ्राण जिह्वो काय मनांसि ।
न रूप शब्द गंध रस स्प्रष्ठव्य धर्माः ।
न चक्षुर् धातुर् यावद् न मनो विज्ञान धातुः ।
न विद्या नाविद्या न विद्याक्षयो नाविद्याक्षयो
यावन् न जरामरणम् न जरामरणक्षयो
न दुखसमुदयनिरोधमार्गाः न ज्ञानंम् न प्राप्तिः ॥
तस्माद् अप्राप्तित्वाद् बोधिसत्तवानाम् प्रज्ञापारमिताम्
आश्रित्य विहरति अचित्तावरणः ।
चित्तावरणनास्तित्वाद् अत्रस्तो विपर्यासातिक्रान्तो निष्ठनिर्वाणः ॥
त्र्यध्वव्यवस्थिताः सर्वबुद्धाः प्रज्ञापारमिताम्
आश्रित्यानुत्ताराम् सम्यक्सम्बोधिम् अभिसम्बुद्धाः ॥
तस्माज् ज्ञातव्यम् प्रज्ञापारमिता
महामन्त्रो महाविद्यामन्त्रो ऽनुत्तरमन्त्रो ऽसमसममन्त्रः सर्वदुःखप्रशमनः ।
सत्यम् अमिथ्यत्वात् प्रज्ञापारमितायाम् उक्तो मन्त्रः ।
तद् यथा गते गते पारगते पारसम्गते बोधि स्वाहा ॥
इति प्रज्ञापारमिताहृदयम् समाप्तम् ॥

本文に取り組んでいく前に一つ疑問点です。そもそもこんなことを信者に考えさせせる経典が他にあるでしょうか。

民衆に流布させるのであれば、わかりやすいことが第一条件です。ですから、この経典だけでは読解できない書き方にする必要があったとか、対外的に漏らしてはならない秘密を後世に伝える目的があるのではないか、などと考えるのが素直な解釈といえるでしょう。わかりやすくいえば、暗号化されているということです。

解説本の中にも暗号であることを示唆したものはありましたが、なぜ暗号化しなければならなかったかの必然性は読み取れませんでした。

さすがにこの答はすぐには出ませんので、全文を読んだ後に取り組みます。

ミステリーを解く鍵は冒頭に

前置きが長くなりましたが謎解きに入ります。ここでは漢文と原典の訳を見ながら疑問点を抽出していきます。

まずは冒頭ですが、漢文には『般若波羅蜜多心経』と書かれています。日本でも経典だけでなく、どんな本にも表題は最初に書かれています。しかしインドでは最後に書く決まりになっていて、般若心経でもいきなり本文に入ります。

先にも触れましたが、原典の最初は次の文になります。

今回使ったテキストは次の語との間にダンダがありませんが、二重ダンダになっているものもありますので、ここで切りました。

（南無　一切智）
नमस् सर्वज्ञाय
ナマッス　サルヴァジュニャーヤ

漢文の本文は観自在菩薩からはじまりますので、カッコ内の漢文は省略されているものです。

玄奘がなぜ省略したかはわかりませんが、ミステリーとして見た場合、冒頭にある文言は謎を解く重要な鍵であることが多いので、検討項目に付け加えさせていただきます。意味ですが、多いものとしては「すべてを知る智者に捧げる」となります。

サンスクリットは字形を見れば、それが単数や複数、男性か女性かなどの情報が読み取れるようになっています。具体例は折を見て提示していきますが、これが謎を解く重要な手掛かりになることはいうまでもありません。

この場合、智者は単数形ですので「すべての智者」ではなく「すべてを知る一人の智者」になります。過去か現在の人物であるなら、それが誰であるか隠していることになりますし、未来にあらわれる者であれば、このミステリーを解く挑戦者ということかもしれません。またイエス・キリストのような救世主に助けて欲しいといった、切羽詰まった事情があるのかもしれません。

しかしすべてを知る人というのは、かなり違和感があります。宗教で求める人といえば「慈悲深い人」であったり、「覚りを開いた人」になると思うのですが、クイズ王みたいな人に、何を求めるというのでしょうか。こういうところは読み流してはいけません。きちっと問題として保管しておきましょう。

いずれにしてもキーポイントとなる「捧げる」は「南無」の訳ですが、たとえば同じ南無を使う「南無阿弥陀仏」でしたら、捧げるというよりは阿弥陀様に帰依する、もっと通俗的にいえば「阿弥陀様にすがります」となりますね。

この時点では、前書きに挙げました通り「すべてを知る智者に挑戦します」としておきます。

観自在菩薩行深般若波羅蜜多時照見

आर्य अवलोकितेश्वरो बोधीसत्वो गंभीरायां
アーリア　アヴァローキテーシュヴァロー
ボーディサットヴォー　ガンビーラーヤーン
प्रजापारमितायां चर्यां चरमाणो व्यवलोकयति स्म
プラジュニャーパーラミターヤーン　チャリヤーン
チャラマーノー　ヴィヤヴァローカヤティ　スマ

ここはどの解説本でも同じように訳されており、「観自在菩薩が深淵において般若波羅蜜多を行じているとき照見した」となります。原典ではこの後にダンダがありますのでここで切りました。

玄奘は観自在菩薩と訳していますが、アヴァローキテーシュヴァラというのは三十三変化《へんげ》する観音様の基本形であり、通常は「聖観音」または「正観音」と呼ばれています。接頭辞になっているアーリアは「聖なる」という意味ですので、「聖観音」に付けると「聖なる聖観音」となってしまい違和感がありますね。ここを説明した解説本はなかったと思います。

菩薩を専門に考察した書では、アヴァローキテーシュヴァラを聖観音としていますので、素直に訳せば「聖」の文字が重なるはずです。これは何かを解く鍵になるのかもしれません。

次のガンビーラーヤーンは「深淵において」という意味になり、漢文ではこれを「深」の一字であらわしています。

般若心経の大きな特徴の一つが短かさです。これは漢字というものが、少ない字数で多くのことを伝えることができるからでしょう。

般若波羅蜜多は題にもありましたが、ここでは「完全なる彼岸到達の智恵において」という、主語でも述語でもない形を取っています。

サンスクリットの名詞や形容詞は、日本語でいうところの助詞と結合した形を一つの語の変化形としており、格という名で呼ばれています。一覧を記しますが、これも都度説明していきますので覚える必要はありません。しかしかなり頻繁に話題として登場しますので、しおりをはさんでおいていただけると助かります。

サンスクリットの格変化

主格：～は、～が、～だ
対格：～を
具格：～とともに、
～により
与格：～に、～へ
奪格：～から
属格：～の、～にとって
処格：～において
呼格：～よ

この他にもサンディという複雑なルールがあり、後ろに続く語の頭文字で語尾が変化します。日本語でも「私は」の場合、「は」ではなく「わ」と発音しますね。サンスクリットでは、それが非常に多いと思って下さい。特にアで終わる語の男性、単数、主格は変化が四つありますので書いておきます。

後ほど出てくる真言を意味するマントラという語を例に採りましょう。

後続の頭文字がサ行音の場合はマントラス、アと有声音（主に濁る音）の場合はマントロー、ア以外の母音ではマントラ、その他の場合はマントラハとなります。地文での説明は「根《こん》」と呼ばれる基本形、この場合はマントラを使いますので注意して下さい。

男性、単数の他の格もこの機会に紹介します。重ねていいますが、覚える必要はありません。

対格はマントラン、具格はマントレーナ、与格がマントラーヤ、奪格がマントラート、属格がマントラスヤ、処格がマントレー、呼格は基本形と同じくマントラです。

それでは続けます。

原典の「深淵」と「般若波羅蜜多」はともに処格です。「深淵において」は問題ありませんが、「般若波羅蜜多の」という訳は、処格を属格として訳したという操作が入っていることになります。たしかに処格の語が二つ続くと訳しにくいですね。正確に訳すと「深淵における般若波羅蜜多において」または「般若波羅蜜多における深淵において」となります。語の出てくる順に訳すのではないかと思われますよね。しかし、逆にしても文法上間違いではありません。

次のチャリヤーンは行じるという意味の動詞の未来分詞で、チャラマーナは現在分詞。併せて「行を行じているとき」と訳しています。行を行ずるという表現は意味が重複していることになりますね。こういった疑問も謎を解く鍵になるはずです。

その次は、見るという意味の動詞ロークの三単現に、過去という意味のスマを付加して過去形にしています。ロークにも過去形は存在し、「アローカト」となります。ですから「スマ」を使って過去を示すということは、強調などの意味があると考えていいでしょう。なお、動詞の変化はものすごく複雑なのでここには書きませんが、都度必要最小限の説明はおこなっていきます。

今回注意しなければならないのは、使役動詞という形態を取っていることです。これは文字通り「～させる」と訳します。誰に、という部分は後ほど考えましょう。

また、ロークにはヴィとアヴァという二つの接頭辞が付いていますが、ともに似たような意味を持つ語で、ヴィが「分離」「欠如」「分散」。アヴァが「離れて」「下に」となり、ダブルミーニング（複数の意味を持つ語）を題材にするミステリーに持ってこいの語句といえるでしょう。

訳として前にある「行」と合わせると『（未来の）行を（現在）行じつつ、それを過去に見させた』となります。文として間違っているとまではいえませんが、違和感は大いにあります。

次にいきましょう。

五蘊

पंच स्कंधाः

パンチャ　スカンダー

短いと感じられますが、原典ではこの後にすぐダンダがきます。

五は数字の5で、蘊は「集まり」という意味になります。

ここはどの本も同じ解釈となっており、人を構成する要素の仏教用語である「色蘊、受蘊、想蘊、行蘊、識蘊」をあらわすものとしていますので、それに従いましょう。

各語の意味ですが、「色」は単体なら「外観」とか、文字通り「色」を意味しますが、色蘊としては眼や耳、鼻、舌、皮膚といった器官で感知する対象物となります。

「受」は眼や鼻などで感知すること、またはその器官。「想」は感知したものを思い浮かべること。「行」は思い浮かべたものに対して、因縁によって起こる現象を指します。意味をとらえるのが難しくなってきたと感じますね。

最後の「識」は、認識対象を区別して知覚する精神作用のことで、「行」が小脳、「識」が大脳の働きと考えていただければわかりますでしょうか。

実際にパソコン関係の周辺機器で説明した方がいいですね。眼を想像して下さい。対象物の色は現在手にしている本や机など、受はCCDなどのカメラになります。音ならマイク、匂いや味ならセンサーです。

想はパソコンの画面でいいでしょう。行は取り込んだ画像をＳＮＳなどにアップする行為、識は見出しを付けて保存することになります。

解説本において、これだけで一文とした訳はありませんでしたが、あえて訳すのであれば「五蘊だ」あるいは「五蘊がある」となるのでしょう。

皆空度一切苦厄

तांश्च स्वभावशून्यान् पश्यति स्म

ターンシュチャ　スヴァバーヴァシューニャーン

パシュヤティ　スマ

　サンスクリット最初のターンシュチャは複合語で、「そして、それらを」という意味になり、「それら」は複数ですので、五蘊を指しているものと考えられています。スヴァは「自身の」「本来の」、バーヴァは「性質」「状態」、シューニャーンは「からの」「空虚な」という意味になり、合わせて「自性空」としているものが多いです。

自らの性質が空虚であるといわれて、どんな状態か想像がつくでしょうか。多くの本で説明が少ないと感じるのは、この後に有名な「色即是空」があり、そこで説明するからとしています。それに同調して、ここは流しておきましょう。

次のパシュヤティは「見る」という意味の動詞パシュの三単現に、スマを付けて過去形としたものです。五蘊の前に出てきたローカヤティ　スマと似た意味、構成になっています。ここも要注意ですね。

漢文ではここまでを「皆空」の二文字であらわしています。その後に「度一切苦厄」がありますが、原典に該当する語はありませんので省略します。

色即是空

舎利子　（色空空是色）　色不異空空不異色　色即是空空即是色

इह शारिपुत्र रूपं शून्यता शून्यतैव रूपम्
イハ　シャーリプトラ　ルーパン　シューニャター
シューニャターイヴァ　ルーパン

रूपान् न पृथक् शून्यता शून्यताया न पृथक् रूपम्
ルーパン　ナ　プリタク　シューニャター
シューニャターヤー　ナ　プリタク　ルーパン

यद् रूपम् सा शून्यता या शून्यता तद् रूपम्
ヤド　ルーパン　サー　シューニャター
ヤー　シューニャター　タド　ルーパン

般若心経で一番有名なところです。

一般には、観自在菩薩が五蘊を空と見たところまでが前置きで、ここから本文に入ると判断しているものが多いと感じられますが、この項の前も二重ダンダではありませんので、同じ段落の中、つまり前項に続いていると考えて下さい。

さて、玄奘の意図はわかりませんが、一節省略されています。カッコ内が訳されていない節です。それでは訳に入ります。

舎利子のインド名がシャーリプトラですが、その前に付いている「イハ」に呼びかけの意味はなく「ここでは」「この世では」という意味になります。訳が呼びかけになっているのは、シャーリプトラが呼格になっているからです。

さらには、色と空の繰り返しが原典では三回あるのに対し、漢文では二回です。二回も三回も大きな違いはないだろうと考える方もおられるとは思いますが、問題点として残しておきましょう。

ここの訳については様々な解釈があり、ここでどれだけの個性を見せられるかが、本の価値を決めているといっても過言ではありません。多くのページを割き、多彩なエピソードを見ることができます。

また、三回繰り返している内容が一見似てはいますが、それぞれ意味しているものが違うといった解説もあります。

ルーパは先ほども説明しましたが「色」「外見」あるいは「形あるもの」から転じた「物質」としているものが多いです。シューニャターは前に出てきたシューニャ（形容詞）を抽象名詞化したもので、区別するためにシューニャを「空」、シューニャターを「空相」としているものがあります。漢文では同じ「空」です。

納得できる解説は少ないですが、形容詞では主語にならないから、というのが無理のない説明といえるでしょうか。これも問題として残しておきましょう。

最初の一節は漢文にはないものですが、ここで出てくるエーヴァ（前にあるアーの語と連なって、発音はイヴァとなっています）は、その前の語、つまりシューニャターを強調しています。

次の「不異」は「違うとはいえない」というニュアンスでいいでしょう。三つ目の「即是」は関係代名詞が用いられ「あの色はその空、あの空はその色」となり、前半の色と空、後半の空と色のつながりを強調した形になっています。この関係代名詞を考慮した訳は、あまり見たことはありません。

問題は内容です。AはBと同じであり、BはAと同じである、といった具体的な事例が存在するだろうか、という疑問が生ずるということです。例を挙げると「梨は果実であり、果実は梨である」ですが、前半は正しいけれど後半は正しくありません。多い解釈としては「この世の物質は実体がない。実体のないものが物質である」というものですね。意味としては「常に変化している」というものが多いです。でもこれだけの説明では、何をいっているのかわかりません。

科学者はここで別の見解を見せています。書捜研に調べてもらいました。

物質には様々な形態や状態があり、正物質と反物質という分け方があります。たとえば電子ですと、通常はマイナスの電荷を持っていますが、プラスのものも存在します。

この二つは触れると即、消滅してガンマ線を放出するのですね。そのガンマ線が何もないところで突然正物質と反物質を生み出すこともあります。この二つは対消滅《ついしょうめつ》、対生成《ついせいせい》と呼ばれていて、色即是空、空即是色は素粒子の世界では、普通に起きている現象というわけです。

他にもホログラフィック宇宙論というものがあり、我々が見たり、接している事物は、すべてが幻影であるというものです。超ひも理論なども、薄い膜の上にある極微なひもが振動することで、物質を浮かび上がらせるというものです。

スターウォーズを見ていると、死んでしまったヨーダやアナキンが「フォース霊体」という、物質を持たない姿で登場するシーンがありますが、本当はすべての物体がそうである、というものです。

たしかにこの理論が正しいなら、物質に実体はないといえるでしょう。興味深い話ではありますが、般若心経の作者がそれを知っていたことを証明するのは、かなり難しいのではないかと思われます。

どの解説本でも力の入っているところなので、他の解釈も見てみましょう。
●物は見る人が心に留めないと、見ないのと同じ
●あらゆる事象は自性がないから縁起し、因果も存在する
●色は、それらを形成している基本要素の集合体にすぎない

●空は宇宙の根源であり、宇宙の理念である
●時々刻々と変化して実体がつかまえられない
●自分の心を何もない空気のような心境にする、無生心
●この世にあるすべてに、永遠不変などということはありえない
●生きているということは変化していることである
●物の外見はすなわち虚無で、無はすなわち現象である
●実体のあることがそのまま実体のないことである
●物質なるもの、それが空性である。空性なるもの、それが実体である
●色、形のある物質的な存在は、固定的な実体を持たない
●色から空にはただちに帰還できるし、空から色にもただちに帰還できる
●およそ物質的現象というのは、すべて自性を持たない
●存在は実体がつかめないし、実体のつかめないものが存在

いずれも中村元の「実体はない」という訳を、少しでも個性的に表現しようと努力した様子がうかがえます。当然これだけでは頭の中にイメージをつくり出すことは難

しいため、様々なエピソードが登場するのです。

それ以前の問題として、舎利子に呼びかけているのは誰なのでしょうか。多い解釈は先に出てきた観自在菩薩によるものですが、その行動をあらわす動詞は、常に過去のものと強調されていました。行を行ずることもそうですが、過去現在未来の時制がよくわからないのです。おそらくこれは作者が何かの意図を持ってやっていることだと思いますので、観自在菩薩としてしまうのは抵抗がありますね。

そしてもう一つ。「この世では」と最初に条件を出しました。当然この先で、あの世ではどうなのかという展開があるはずです。捜査をはじめたときは半信半疑でしたが、少なくともあの世の話は出てきそうです。先を楽しみにしましょう。

受想行識亦復如是
एवम् एव वेदना संज्ञा संस्कार विज्ञानानि
エーヴァン　エーヴァ　ヴェーダナー
サンジュニャー　サンスカーラ
ヴァジュニャーナーニ

前の色と空の繰り返しを受けて「受想行識」も同じだとしています。サンスクリットのエーヴァンは「かくの如く」の意味で、漢文では亦復如是として後ろに付けられています。エーヴァは色と空の繰り返しでも出てきましたが、前の語を強調します。一見問題はなさそうですが、「同じように」としているところに怪しい影が見え隠れしていますので、もう少し掘り下げてみます。

色と空の関係では三つの異なる説明がありました。最初は後半部分で空を強調しています。二つ目は「不異」を使い「違わない」というあいまいな表現にしています。三つ目は前半の色と空、後半の空と色のつながりをそれぞれ強調していました。

さてここからが問題になりますが、色以外の受想行識と空の場合だとどうなるでしょうか。おそらく皆さんの考えた結果は次のようになったと思います。三つ目の構文を使って書いてみましょう。

色即是空、空即是色
受即是空、空即是受
想即是空、空即是想
行即是空、空即是行
識即是空、空即是識

これと違う回答をした方はいますか。じつはこの回答を書く前に強調したことを実行すると別の答が出てきます。

原子論

色即是空、空即是色
受即是空、空即是色
想即是空、空即是色
行即是空、空即是色
識即是空、空即是色

わかりますか。後半部分はすべて一緒になります。「受想行識も同じ」という指示に従った結果です。

色と空は「不異」となっていますので、まったく同じである必要はなく、「即是」で前半部分と後半部分の関係だけ保っていればいいとなれば、この答の方が正しいといえるのです。

まだわからない人もいるかと思いますので具体的に書きましょう。先ほど、梨は果実である、という例を挙げましたので、これを使いたいと思います。

梨は細かいものに分割できる
細かくしたものを原子と呼ぶ
柿は細かいものに分割できる
細かくしたものを〈?〉と呼ぶ

一番左の〈?〉には何が入るでしょうか。柿でも間違いではありませんが、右の文にならって書けば「原子」が正解ですね。当然これは柿だけでなく、リンゴでもブドウでもキウイでも全部同じ答になります。

ルーパという語は「形あるもの」という意味を持つ抽象名詞としても使えますので、果実も原子も同じ言葉であらわすことが可能なのです。

読者の中には、二千年も昔のインドで、原子の存在を知っているわけがない、と思う方もおられるでしょう。

しかし哲学の本場であるギリシャでは、デモクリトスが原子の存在を示唆していました。それが紀元前四世紀頃の話なので、その理論がインドまで入ってきてもおかしくはありません。ただ、原子といっても酸素や水素、鉄や亜鉛といった分け方ではなく、水、地、火、風に虚空となっています。

紀元前二世紀頃にインドの哲学者カナーダによって記された、ヴァイシェーシカ・スートラを見てみましょう。これは大乗仏教が般若経を記すより前になります。

●地・水・火・風・虚空・時間・空間・自己・意、以上が実体である

●色・味・香・触・数・量・別異性・結合・分離・かなた性・こなた性・知識・楽・苦・欲求・嫌悪、そして内的努力が性質である

●上昇・下降・収縮・伸張・進行、以上が運動である

スートラではこの後、この三つを組み合わせて、事象のすべてを説明していきます。

注意して欲しいのは「色」が文字通り「赤色」や「緑色」の意味であって、「形あるもの」ではありません。これが当時の基準であるなら、形あるものとしている現代の解説は間違っている可能性もあります。

とりあえず「色」は形あるものとしておいて、議論が必要になったら再検討します。

どちらでもいいかもしれません。話が復活しなかったら、どちらでもよかったと判断して下さい。

さて、原子論を出したことで勘違いしないでいただきたいのは、これが正解といっているわけではないことです。既存の解説を鵜呑みにしないで、可能性のあるものをとことん追求していくということです。

空即是色の拡大解釈は、おそらくＡＩなら、あっという間に出してくるでしょう。そしてこれはインチキでも誤魔化しでもなく、叙述トリックというミステリーの常套手段なのです。

般若心経にはまだまだ、たくさんのトリックが仕掛けられています。疲れた方、ショックを受けた方、もう読み続けるのは止めようと思った方。これくらいで断念していては、たった一つの真理にたどり着くことはできませんよ。さあ立ち上がって、一緒に歩きましょう。

一切法

さて次の文です。

舍利子是諸法空相不生不滅不垢不浄不増不減
इह शारिपुत्र सर्व धर्माः शून्यता लक्षणा अनुत्पन्ना
イハ　シャーリプトラ　サルヴァダルマーシュ
シューニャターラクシャナー　アヌットパンナー
अनिरुद्धा अमला न विमला नोना न परिपूर्णाः
アニルッダー　アマラー　ナ　ヴィマラー
ノーナー　ナ　パリプールナーハ

舍利子への呼びかけは同じで、これもこの世の話です。サルヴァは「すべての」、ダルマは色々な意味のある語で、「法」「秩序」「法則」「習慣」「義務」「徳」「正義」

「本質」「事物」「法律」「善行」などとなります。

解説本の訳も様々ですが「法」「事物」が多いと感じました。この語の訳は、後の文を見てから判断することにしましょう。

日本でダルマといえば、赤くて丸っこい置物ですね。選挙になると片目だけ入れたものが本部に置かれ、当選するともう片方の目もいれる風習は何年も続いています。

その起源はインドから中国に禅宗を伝えた達磨大師で、サンスクリットではボーディ・ダルマとなります。置物から想像すると、ずんぐりとして可愛らしいイメージがありますが、いい伝えによれば壁に向かって九年座禅をし続け、手足が腐ってしまったとのこと。あのお姿は壮絶な修行の結果というわけです。

シューニヤターに続くラクシャナーは、「特徴」「属性」「標章」などとなっており、漢文では空と合わせて「空相」としています。先ほど解説本ではシューニヤターを「空相」と訳すとしていましたので区別が難しいですね。とりあえず「空の特徴」としておきます。

アヌットパンナーアニルッダーが「不生不滅」、アマラーナヴィマラーが「不垢不浄」、ノーナーナパリプールナーハが「不増不減」となります。不生不滅と不増不滅はわかると思いますが、不垢不浄は汚くもなくきれいでもない、ということでしょうか。中くらいが丁度いいということかもしれませんが、なんとも中途半端な言葉でどんな状態が良いのかわかりません。

それより気になることがあります。二つ前の節で色と空の関係を見たときに、「物質は常に変化している」という解釈がありましたが、不生不滅、不増不滅は、それに反していないでしょうか。科学者の中にはエネルギー保存則を挙げた方もいましたが、それでは不垢不浄が説明できませんね。

是故空中無色無受想行識
तस्माच् शारिपुत्र शून्यतायां न रूपम्
タスマート　シャーリプトラ　シューニヤターヤーン
ナ　ルーパン
न वेदना न संज्ञा न संस्कारा न विज्ञानम्
ナ　ヴェーダナー　ナ　サンジュニャー
ナ　サンスカーラー　ナ　ヴィジュニャーナン

今回の舎利子への呼びかけはこれまでの二回とは違い、「それだから」が頭についています。あの世をあらわす言葉を期待したのですが、単なる接続詞でした。

だからかもしれませんが、玄奘もここは是故としているだけで、舎利子の語が出てきません。色と空のやり取りも原典が三度繰り返しているのに対し、玄奘訳は二回です。

三回と二回。舎利子に話しかけていることをわかるようにするためなら、一回で充分です。ここは意味があって三度声をかけていると思っていた方がよいでしょう。

一部の本では、この一節を強調するためとありました。それを採用するなら三回繰り返している「色と空」「舎利子への呼びかけ」は大きな意味があるということです。

殺人事件において死体に残された傷が二つか三つかで、状況が大きく変わる場合もあります。トリックや鍵はどこに潜んでいるかわかりません。ここは忠実に現場、つまりサンスクリット原典を見ていくことにしましょう。

続いてシューニヤターの処格があります。「空においては」となりますので主語ではありませんね。仮に主語だった場合は先の空不異色、空即是色を否定する内容になってしまいます。受想行識も否定していますので先の「受想行識も同じ」としていたことも否定することになります。ここは要注意です。

どこまで否定するのか

> **無眼耳鼻舌身意**
>
> **न चक्षु: श्रोत्र घ्राण जिह्वो काय मनांसि**
>
> **ナ　チャクシュフ　シュロートラ　グフラーナ**
>
> **ジフヴォー　カーヤ　マナーンシ**

否定語の後は眼耳鼻舌身意と、人の持つ六感の感覚器官が並びます。これはまとめて六根と呼びます。最初のナで六つすべてを否定しているのですが、前項はすべての語にナが付いていました。

どこが違うかざっと読んだだけではわかりませんよね。

答は、サンスカーラーだけが複数形なのです。前回出てきたときはサンスカーラでした。英語ですと複数形は語尾にｓを付けるのが一般的ですが、サンスクリットの場合、アで終わる男性、主格はアーと長母音にします。

理由として、この語は通常複数形で使われることが多いためとの説明がありましたが、むしろ逆に一つひとつ否定するケースとまとめて否定するケースが存在し、まとめないときは何か理由があるということの布石と考えた方がよさそうです。

前の文とはダンダで区切られていますが、処格のシューニヤターをそのまま引き継いでいると考えるのが自然ですね。

無色声香味触法

न रूप शब्द गंध रस स्प्रष्टव्य धर्माः

ナ　ルーパ　シャブダ　ガンダ　ラサ

スプラッシュタヴィヤ　ダルマーハ

ここでは前項で否定した六根の対象である「色声香味触法」が否定されています。

これはまとめて六境と呼びますが、気になるのは最後のダルマです。先のサルヴァダルマーシュでは「法」「事物」としましたが、ここで「意識」の対象として事物を持ってくるのは無理があります。なぜなら色声香味はそれに含まれてしまうからです。

般若心経の作者が謎解きを意識しているのであれば、ここはスルーできません。この文のダルマの方が具体的に考えることができますから、ここで意味を決めてしまいましょう。ここは「意識」の対象となる「情報」としたいです。

違和感を持たれる方も多いかもしれませんが、パソコンを思い浮かべて下さい。現在ではどんな画像や音声を出すことも可能で、３Ｄプリンターがあれば立体をつくり出すこともできます。出力装置のない香と味は無理ですが、映画館では一部対応している作品もあります。

これらはすべてデータとして処理されています。データですから情報です。もっと適切な語があるかもしれませんが、見つかれば差し替えます。

先ほどのサルヴァダルマーシュも情報とすれば、違和感はあるかもしれませんが間違いとはいえません。もっともこちらは識蘊まですべて含むということで識とし、サルヴァ（すべて）識として「唯識」としてしまうことも考えられます。しかしこれは唯識論を記した世親との時代の検証も難しいので、保留にしておきましょう。

無眼界乃至無意識界

न चक्षुर् धातुर् यावद् न मनो विज्ञान धातुः

ナ　チャクシュル　ダートゥル　ヤーヴァン

ナ　マーノー　ヴィジュニャーナ　ダートゥフ

チャクシュルダートゥルで「眼識界」となります。乃至《ヤーヴァン》は「～に至るまで」の意、マーノーヴィジュニャーナダートゥフは「意識界」です。つまり乃至によって耳識界、鼻識界、舌識界、身識界が省略されているということです。これはまとめて六識とし、先にあった六根、六境と合わせて十八界と呼びます。

でもおかしいですよね。こんな省略が可能なら一つ前の声香味触もできたことになりませんか。ここも何かが隠されているような気がします。現状ではそれが何かわかりませんので、意識に留めておいて別の機会に考えましょう。

次はダンダの間隔が長いです。

（無明）無無明亦（無明尽）無無明尽乃至無老死
亦無老死尽無苦集滅道無智亦無得

न विद्या नाविद्या न विद्याक्षयो नाविद्याक्षयो
ナ　ヴィドャー　ナーヴィドャー
ナ　ヴィドャークシャヨー　ナーヴィドャークシャヨー
यावन् न जरामरणम् न जरामरणक्षयो
ヤーヴァン　ナ　ジャラーマラナン
ナ　ジャラーマラナクシャヨー
न दुखसमुदयनिरोधमार्गा: न ज्ञानंम् न प्राप्ति:
ナ　ドゥクハ　サムダヤ　ニローダ　マールガー
ナ　ジュニャーナン　ナ　プラープティヒ

漢文では一部省略がありましたので、カッコのあるところを補充しました。

最初の部分は一つひとつの語にナが付いていますので細かく見ていきましょう。

無明と無無明は明を一回否定したものと二回否定したものに見えますが、ともに否定は一回だけです。明はヴィドヤーで「知識」という意味です。二回否定しているように感じる「無明」はアヴィドヤーで、釈尊が覚った十二縁起の最初です。その後は、この二つの語に「消滅」を意味する尽《クシャヤ》が付けられています。

ヤーヴァンは一つ前に出てきました、中間を省略する語ですね。次に「老死」を意味するジャラーマラナンとジャラーマナラナクシャヨーが来ていますので、省略しなければ十二縁起のすべてと、それぞれに尽が付いたものが並ぶことになります。先回はこれの布石だったと考えられます。

無明　行　識　名色　六処　触　受　愛　取　有　生　老死

その次はナが一つで四つの語が並んでいます。これは漢文の方がわかりやすいでしょう。「苦集滅道」は四諦といって十八界、十二縁起と並ぶ仏教の根本にある教理です。

これはまとめての否定なので、その前にある一つずつの否定とは別物であることがわかります。前半は「明」から「老死尽」までということになりますね。

先回の一つずつ否定は、単数の中に一つだけ複数が入っていました。今回はどうかというと、すべて単数です。従いまして何か違う理由で、すべての語に否定を付けたことになります。

否定したいものが見えてきた

単数複数でない理由を捜すため、語の意味を見ていきましょう。

「知識」「無明」「知識尽」「無明尽」「老死」「老死尽」となりますが、これまでのように一つずつ独立したものが並んでいるわけではなく、今回はペアになっていると感じませんか。その前に見た不生不滅や不垢不浄もそうでしたが、同時に否定すると何をいっているのかわからなくなります。またこれに並行する問題として、処格だけがあって主語がわかりづらいこともありました。

近年発刊された解説本の中には、釈尊の教えである十八界、十二縁起、四諦を否定しているといい切っているものがあります。素直に解釈すればそうなるのです。

この節は長いだけでなく、ここまでに出てきた様々なパターンが、すべてここに集約されているように感じます。つまり今までは解法を示しただけで、一番いいたかったことはここにある、と思えるのです。

そこで仮説というか一つの試みとしてダンダ内で文を完結してみたいと思います。具体的にいえば、このダンダで囲まれた文だけで主語と述語を完結させるのです。実際にやってみた結果が次になります。

न विद्या नाविद्या न विद्याक्षयो नाविद्याक्षयो
知識がなければ無明はない
知識を滅しなければ無明も滅しない

यावन् न जरामरणम् न जरामरणक्षयो
十二縁起もことごとくない
（知識を滅しなければ）十二縁起も滅しない

न दुखसमुदयनिरोधमार्गाः न ज्ञानम् न प्राप्तिः
四諦もない
智恵がなければ得るものもないのだ

最後は前書きで紹介した「無智亦無得」になります。

全体の意味としては「（無明があるという中途半端な）知識が埋め込まれてしまったから、本当に無明になったのだ。そんな知識がなければ無明になることはなかった。一度埋め込まれてしまった知識は滅することがないから、無明も滅しないことになる。他の十二縁起も四諦も同じ。（教えの真の意味を）理解する力がなければ、何のご利益もないのだ」となります。

気になるのは「亦」の一文字ですね。原典に該当する文字がありませんのでスルーしてもよいのですが、考察をしておきましょう。

漢文で見ると、無無明から最後の無得まで、単語がずらっと並びます。このような場合、たとえば英語ですと最後の文字の直前に「ａｎｄ」を挿入しますね。これは、これが最後ですよと教えるために追加するものですが、日本には別の意味で挿入する語があります。次の和歌を見て下さい。

「萩の花　尾花葛花《くず》　なでしこの花　おみなえし　また　藤袴《ふじばかま》　朝顔の花」

これは万葉集にある山上憶良の歌で、通称「秋の七草の歌」と呼ばれています。ここでも、最後の語ではありませんが、藤袴の前に「また」が入っています。和歌は七五調、あるいは五七調で詠まれますので、調子を整えるために加えるのですね。般若心経の無得の前にある亦も、中国で調子を整えるために入れられたものでしょう。ですから意味を考える必要もないと判断しました。

そして、これも解説が必要と思いますが、知識とか智恵とかをあらわす言葉が色々出てきました。混乱されているといけませんので、少し整理をしておきましょう。

विद्या（ヴィドヤー）＝経典、書物で得られる知識
ज्ञान（ジュニャーナ）＝頭の中で理解された智恵
प्रज्ञा（プラジュニャー）＝ひらめきを伴なう智恵

サンスクリットにおいてジュニャーナとプラジュニャーは、関連のある語になりますが、漢訳だと「般若」と「智」になってしまい、関連付けられないのが残念です。残る「知識」は経典、ここでは仏教の教えになります。ですから維摩経のように小乗仏教を批判しているだけでなく、大乗の経典をも否定しているように感じられます。

これは単なる憶測でいっているのではありません。冒頭で親鸞や日蓮が般若心経を経典として取り上げていないことを紹介しました。鎌倉時代だけでなく江戸時代まで多くいた小作農は経典を理解できるような教育を受けていません。中途半端に知識を広めれば逆に成仏できない衆生を増やすだけでしょう。それが読み取れたから二人はこの経典を積極的に排除したのだと思います。禅宗などは信者が武士などの階級になりますので、理解する力があると判断されたのではないでしょうか。

前項の終りには二重ダンダがありますので、ここで一つの大きな区切りになります。それでは後半部に入っていきましょう。二重ダンダがありましたが、次の文はタスマード（それだから）で始まっていますので、前項の結果を受けていると考えて下さい。

以無所得故菩提薩埵依般若波羅蜜多故心無罣礙
तस्माद् अप्राप्तित्वाद् बोधिसत्वानाम्
タスマード　アプラプティトヴァード
ボーディサッタヴァーナーン
प्रज्ञापारमिताम् आश्रित्य विहरति अचित्तावरणः
プラジュニャーパーラミターン　アーシュリトヤ
ヴィハラティ　アチッターヴァラナハ

アプラープティトヴァードは前項にあったプラープティヒの否定形を抽象名詞にしたもので「得るものがない」の意。ボーディサッタヴァーナーンは菩薩の複数形、属格になり「菩薩たちの」となります。プラジュニャーパーラミターンは対格で「到彼岸の智恵を」、アーシュリトヤは「頼りにして」、ヴィハラティは「暮らす」「住む」、アチッターヴァラナは一般的な訳だと「心を覆うもの」となりますが、チッタは心というより注意、思考、思想という意味ですので、ここは「思考を止めて」としました。

合わせると「それゆえ思考を止め、菩薩たちの到彼岸の智恵を頼りにして暮らしている」となります。前項と合わせると「それゆえ」が「経典を読んでも理解できないから」の意味になります。

注意してほしいのは菩薩が複数であること。観自在菩薩も入っているかもしれないですが、頼りにする菩薩は一人ではないということです。また菩薩というと良いイメージしかないと思いますが、悪い菩薩もいるかもしれません。続けましょう。

故無有恐怖遠離一切顛倒夢想究竟涅槃

चित्तावरणनास्तित्वाद् अत्रस्तो
チッターヴァラナースティトヴァード
アトラストー
विपर्यासातिक्रान्तो निष्ठनिर्वाणः
ヴィパリヤーサーティクラントー
ニシュタニルヴァーナハ

この後に二重ダンダがきますので、前項と二つで一段落です。

文字がつながっているのでわかりにくいのですが、チッターヴァラナに続くナースティトヴァードは「存在する」の否定形で「存在しない」。アトラストーは「恐れる」という意味のトラスタを否定しているので「恐怖がない」となります。合わせると「思考を止めるものが存在しない」「恐怖がない」ですね。

後半のヴィパリヤーサーは複合語で、ヴィが「離れて」、パリが周って、アー（前の語の影響で発音上はヤーになっています）が「こちらへ」、アサーが「投げる」で、合わせて「転倒すること」「誤った見解」の意味になります。

次も重なっていて単語が取り出しにくいのですが、アティクラントーとなり「超越せる」「侵犯せる」の意味になります。

ニシュタニルヴァーヴァナハのニシュタはニが「〜の中に」、スタが「立っている」「存在している」で合わせて「〜の状態にある」となります。

ニルヴァーナは直訳するとニルが「離れて」、ヴァーナが「吹く」となり「吹き消されたもの」という意味となりますが、「涅槃に入る」という日本語にもなっていますので、そのまま「涅槃」とします。

すべてを合わせると「思考を止めるものが存在しなければ、涅槃の中にいるのだという虚妄を超える恐怖がなくなる」となります。虚妄を超えるとしたところは「虚妄を打ち破る」とした方が臨場感が出ますね。

ここで言わんとしていることは、彼岸、あるいは浄土というものはつくられた虚妄であり、経典がそれを信じさせているということです。書捜研の調べてくれた阿弥陀経に、その記述がありますので読んでみましょう。

「舎利弗よ、なにゆえかの国をば極楽というかというに、その国に住む衆生は、生老病死の四苦とか怨憎会苦とか、愛別離苦とか、そのほかいろいろの苦しみは少しもなく、ただもろもろの楽しみを受けるからである」

「また舎利弗よ、極楽国土には地に七重の欄干があり、空に七重の羅網があり、そのなかほどに七重の並樹がさかえている。これらはいずれも金、銀、瑠璃、瑪瑙の四宝をもってつくられ、国のいたるところここかしこをめぐっている。こういう楽しいところであるから、その国を極楽と名づけるのである」

阿弥陀経には如是我聞がありますから、釈尊が舎利子に説いていることになります。ですからこれを虚妄というのであれば、大乗仏教をも否定することになります。続きを見てみましょう。

三世諸仏依般若波羅蜜多故
得阿耨多羅三藐三菩提

त्र्यध्वव्यवस्थिताः सर्वबुद्धाः
トリヤドヴァヴヤヴァスティターハ
サルヴァブッダーハ
प्रज्ञापारमिताम् आश्रित्यानुत्तराम्
プラジュニャーパーラミターン
アーシュリトヤアヌッターラーン
सम्यक्सम्बोधिम् अभिसम्बुद्धाः
サムヤクサムボーディン
アビサンブッダーハ

二重ダンダがありましたが、次も前項を受ける形で進みます。トリは数字の三です。アドヴァが「世」「時期」で、トリと合わせて「三世」つまり過去・現在・未来となります。

次のヴァヤヴァスティターハはヴィ・アヴァ・スティターハの複合であり、接頭辞の二つは観自在菩薩が行を行じているときに見たロークと同じ構成になっています。説明が重複しますが、ヴィが分離、欠如、分散。アヴァが離れて、下に、スティターハが「～にいる」「～の状態にある」となります。

ヴィとアヴァが似たような意味であることは先にも述べましたが、今回は修飾する語が「見る」から「いる」に変わりますので、ヴィを「反対」という意味としてアヴァに重ね、「離れていない」とします。

三語合わせることで「近くにいる」という意味になりました。

サルヴァブッダーハはすべての仏様、あるいは仏陀です。これは冒頭のサルヴァジュニャーヤと違い複数になります。

プラジュニャーパーラミターン・アーシュリトヤは先にもありましたが「智恵の完

成を頼りにして」、アヌッターラーンは造語で「これ以上はない」「無上の」、サムヤクは「完全な」、サムボーディンは「正しい覚りを」、最後も複合語でアヴィが「〜の方へ」、サムは「まったく」「一緒に」、ブッダーハは覚った人、「仏様」です。漢文では「三」がたくさん出てきますが、数字の三の意味を持つのは最初だけで、残りの二つはサムの音写になります。

接頭辞が多く混乱すると思いますが、全体の訳としては「過去・現在・未来の仏様は、近くにいる（菩薩たちの）智恵の完成を頼りにして、無上で正しく完全な覚りを得て、完璧な仏様へと向かわれた」となります。

似た語「無上」「完全」「完璧」が出てきて苦しい訳になりました。さらに気になるのは三世、つまり未来の仏様についても言及していることです。つまり後半部分と合わせると、完璧な到彼岸の方法が見つかったから、新しい到彼岸の智恵はもう探す必要はない、という宣言になるのです。二重ダンダがありますので、ここも段落になります。

結論はまだ出ていませんが、いい切っている以上、看板に偽りはないことになります。そしてこの後に、その方法が披露されることになるはずです。

智恵の完成

故知般若波羅蜜多是大神呪是大明
呪是無上呪是無等等呪能除一切苦

तस्माज् ज्ञातव्यम् प्रज्ञापारमिता महामन्त्रो
タスマート　ジュニャータヴヤン
プラジュニャーパーラミター
マハーマントロー
महाविद्यामन्त्रो ऽनुत्तरमन्त्रो ऽसमसममन्त्रः
マハーヴィドヤーマントロー
アヌッタラマントロー
アサマサママントラハ
सर्वदुःखप्रशमनः
サルヴァドゥッカ　プラシャマナハ

いよいよ大詰めです。

頭は前にもあったタスマート（それ故に）です。ジュニャは様々な意味を持った語で「知る」「察知する」「確かめる」「考える」などです。そこに強意のタヴヤンが追加されることで「知られるべき」「学ばれるべき」となります。

次のプラジュニャパーラミターは「(到彼岸の）智恵の完成」で、これを主語にします。述語になるのは次の四つです。マハーマントラが「偉大なる真言」、マハーヴィドヤーマントラが「偉大なる知識の真言」、アヌッタラマントラが「無上の真言」、アサマサママントラが「比類なき真言」です。

四つの褒め言葉を並べただけですね。気になるのは先にあったアーシュリトヤアヌッターラーンの二語が、ともに他で使われている語だったということです。これは「菩薩を頼りにすること」と「無上の真言」が、意味としてつながっていると考えていいのだと思います。

次のサルヴァドゥッカは「すべての苦しみ」、プラシャマナハは「消す」「鎮める」の意味なので、合わせて「すべての苦しみを鎮めるものである」となります。

答は次の項かもしれません。

真実不虚故説般若波羅蜜多呪即説呪曰
सत्यम् अमिथ्यत्वात्
サトヤン　アミトヤトヴァート
प्रज्ञापारमितायाम् उक्तो मन्त्रः
プラジュニャパーラミターヤーン
ウクトー　マントラハ

サトヤンは「真実」、アミトヤトヴァートはミトヤ、「不正」「偽り」を、アで否定し、属格にしています。

プラジュニャーパーラミターンは「智恵の完成」の処格、ウクトーは「言われる」となり、合わせて「真実であり、偽りがないから智恵の完成において読まれる真言」となります。気になるのは「智恵の完成」が対格や具格でないことです。処格で訳すと、智恵の完成そのものを表現するのではなく、智恵の完成時に感想をいうような意味になるはずです。

ただ、今までも格がぞんざいに扱われてきたという印象がありますので、ここは様子見としておきましょう。

ここでダンダを入れて一回切り、次につながっていきます。

羯諦羯諦波羅羯諦
波羅僧羯諦菩提薩婆訶
तद् यथा गते गते पारगते
タド　ヤター　ガテー　ガテー　パーラガテー
पारसम्गते बोधि स्वाहा
パーラサンガテー　ボーディ　スヴァーハー

タドが代名詞の「それ」、ヤターは「～の如し」「～のように」で、合わせて「すなはち」「たとえば」の意味になります。流れからいくと、この後にくるのが真言です。

というところですが、真言の扱いについて大きく二つに分かれておりますので、それを吟味しておきましょう。

一つは真言であるから意味を知る必要はなく、音として感じ取りましょう、というものです。もう一つは意味を真剣に考えているものです。

釈尊は布教にあたり、経典はその国の言葉で伝えられるべきとの教えでしたので、それに従えばサンスクリットや漢文で聞くのではなく、日本語で伝えられるべきとなります。ですからここでも真剣に意味を考えてゆきます。

ガテー以降の構成を見ていくと、ガテーが四回繰り返されているのがわかります。最初の二回はそのまま、三回目はパーラ「向こうへ渡る」、四回目はさらにサン「完全に」が付きます。

ガテーの意味は本ごとに解釈が割れていますが、文法的に見れば「行く」「来る」という意味の動詞ガムの、過去受動分詞ガタ（男性）、あるいはガター（女性）の変化形と見るのが主流です。分詞なので名詞のように扱います。彼岸へ渡るのですから「行くこと」あるいは「行く人」の意味が一番無理のない考え方でしょう。

ガテーになるガタ、ガターの変化形はけっこう多く、次のようになります。

- 男性、単数、処格
- 女性、単数、呼格
- 女性、両数、主格
- 女性、両数、対格
- 女性、両数、呼格
- 中性、単数、処格
- 中性、両数、主格
- 中性、両数、対格
- 中性、両数、呼格

今まで格については都度説明してきましたが、数についてはあまり強調してきませんでした。単数、複数は英語にもあるのでわかると思いますが、サンスクリットには二つを意味する両数というものがあります。英語でもダブルやペア、カップルオブという表現があるように、二つという数は特別と考えられていました。具体的には「両腕」「両足」「両親」「太陽と月」などで使います。

また、男性、女性の他に中性というものも存在します。英語では使わないためあまり一般的ではありませんが、ヨーロッパではラテン語の頃からこの区別があったそうです。

今回の候補を見て一つだけいえることは複数、つまり三以上の数字はどの格にもありません。ですから彼岸へ行った多くの人という意味ではないということです。しかしながら候補が九つもあるということは、挑戦者を惑わせるためにわざわざ探してきた感がありますね。ここもお見事というしかありません。

またガテーを人として見た場合、中性が存在するかどうかです。仮にですが「霊魂」とか「魂」と呼ばれるものに性別がないとしたら、彼岸へ行く者は性別がない、つまり中性という見方もできます。ここでは、どの格は排除できるという判断はしないでおきます。

それでは意味を考えていきましょう。多くの本が注目しているのはガテーの後にくるボーディです。これが女性、単数、呼格になっていますので、性、数を合わせるとガテーも女性、単数、呼格になるということです。これは文法としてのルールなので、ミステリーとして見なくても、絶対に守らなければなりません。

そうなるとガテーもボーディも呼格になり、どの言葉がどこにかかっているのかわからなくなってきます。これは母国のインド人にとっても訳すのに困難らしく、結局真言としてそのまま残したということです。

しかし訳さないと、本当に到彼岸の智恵を語っているのかわかりません。参考として仏典の研究第一人者である中村元の訳を紹介しましょう。

「往ける者よ、往ける者よ、彼岸に往ける者よ、彼岸にまったく往ける者よ、さとりよ、幸あれ」

最後のスヴァーハーは真言の後にはよく添えられる語で「幸あれ」という意味です。

般若心経

इति प्रज्ञापारमिताहृदयम् समाप्तम्

イティ　プラジュニャーパーラミター

フリダヤン　サマープタン

これで最後です。

イティは「以上の如く」の意味で、論文などの締めによく用いられる語です。

プラジュニャーパーラミターは「到彼岸の智恵の完成」、フリダヤンは「心臓」「内部」「中心」「核」「心の動きのある場所」の意味を持つ語で、解説本では「神髄」と訳されるケースが多いと感じます。「大般若経の神髄を凝縮した」という表現は、ここから生まれたのでしょう。

最後のサマープタンはサムとアープの複合語で、アープが「入」「得」「円満」の意味を持ち、完全を意味するサムを付けることで「完結した」なります。漢文でもここに般若心経の文字がありますが、最初に表題として用いているので不要ですね。

いかがでしたでしょうか。サンスクリットの原典は知らない方もおられると思いますので、新鮮な驚きもあったかと思いますが、おそらくは落胆の方が大きいでしょう。

第二章

本格的な捜査の開始

登場人物

意味不明な訳もあり混乱しておられると思いますので、整理をしていきます。まずは関係者の洗い出しです。

①一切智者
②観自在菩薩
③舎利子
④菩薩たち
⑤仏様たち
⑥往ける者
⑦語り部・作者
⑧舎利子に呼びかけている者

如是我聞のところで問題にしましたが、この経典には釈尊が登場しません。右にある誰かに姿を借りているのか、まったく存在しないかのどちらかです。容疑者とはいえませんが、個別に素性を確認していきましょう。

まずは一切智者です。文法的には男性、単数となります。

たとえばですが、「神」をあらわす言葉として「全知全能」と呼ばれることがあります。一切智者はこの「全知」に相当するのではないでしょうか。つまりは神、あるいはそれに近い存在ではないかと考えられるのです。

日本において釈尊は、そんなイメージがあります。釈尊を形容する言葉として『如来』というものもありますが、これは唯一ではなく、釈迦如来の他にも大日如来や阿弥陀如来、薬師如来などがおられます。また菩薩の中にも釈尊の生まれ変わりと目されている弥勒菩薩や、頭の良さは誰にも負けない文殊菩薩もいます。従いまして一切智というだけで釈尊としてしまうことはできません。

二番目の観自在菩薩は慈悲を具現化したような方で、接する相手によって姿を変えます。如来は完全に彼岸の人となっていますので、此岸（この世）に戻ることはできませんから、観自在菩薩の姿を借りて釈尊が降臨されたと考えることもできます。

三番目の舎利子は実在の人物で釈尊の十大弟子の一人でもあります。生前は「智恵第一」といわれていました。ストーリー的には舎利子が一切智であってもおかしくはないのですが、これも保留としておきましょう。少なくとも実際に弟子であった人物が、釈尊に成ることはありません。むしろ他の弟子、須菩提や大迦葉では駄目なのか、という疑問が残ります。

四番目の菩薩たちは複数である上、如来よりレベルが下がりますので、釈尊がここに含まれていることはないでしょう。菩薩には求道者の意味がありますので、あらゆる○○道を究めるという努力をしている人になります。

一つだけ、釈尊の若い頃を想定すれば可能性はゼロではありませんが、それを匂わせる表現はなかったと思います。

五番目の仏様は解釈と取り扱いが難しいです。仏陀は一般名詞ですが、釈尊の代名詞でもあります。どちらにしても、この中には自動的に含まれてしまいます。問題はその程度の扱いでいいのかということです。釈尊あっての仏教なのですから、その他大勢に入れてしまうと、仏教そのものも否定しかねないのです。

六番目は、「行く」という行為自体の意味とすれば対象から外れますが、解説本を見ますと、人とした方が訳しやすいようです。格から判断すると三人以上はありえませんが、二人なら、たとえば釈尊と舎利子という図式で考えることも可能です。魂に性別がないなら、中性、両数という格を取ることができます。問題は、後に続くボーディが、女性、単数で決まっており、釈尊も含めて男性を候補に挙げられないことです。とりあえず女性の候補者がいるかどうか、書捜研に依頼だけはしておきましょう。

七番目は語り部です。基本は作者と同一人物になります。これを釈尊と仮定すれば舎利子に呼びかけた者も、登場人物がすべて三人称で書かれていることも違和感がなくなります。逆に一切智者を別の人格に求めなければなりませんし、「釈尊が自ら経典を記した」という大きな問題に発展しかねません。安易に決めることは慎みましょう。

最後は、語り部でなかった場合という条件が付きますが、色と空の場面で舎利子に語り掛けている者です。ここまで出てきた誰かと同じである可能性が高いのですが、独立した項目にします。釈尊である可能性は、語り部よりは高いものの、その場合は正体を明かさない理由がわかりません。

性別と数、釈尊の可能性をまとめます。

①一切智者……男性、単数、可能性大
②観自在菩薩……男性、単数、可能性中
③舎利子……男性、単数、可能性なし
④菩薩たち……男性、複数、可能性ほぼなし
⑤仏様たち……男性、複数、可能性小
⑥往ける者……性別不明、単数か両数、可能性中
⑦語り部……性別、数は不明、可能性小
⑧舎利子への語り……性別不明、単数、可能性中

地取り

地取りとは本来目撃情報や周辺住民や関係者の聞き込みのことですが、当時の人に直接聞くことはできません。ですからここでは歴史的事実や、他の経典を当たっての疑問点を出していきます。

最初は時代です。般若心経が記された時期は様々な説がありますが、題名のプラジュニャーパーラミターから考えて、大般若経がつくられた頃よりは後になるとすれば、二世紀より前になることはないそうです。

後ろのリミットは四世紀の人物である鳩摩羅什によって訳されていることから、四世紀とされてきました。しかし鳩摩羅什の業績を水増しするために、後から追加されたのではないかという研究もあり、現在では五世紀、ないしは六世紀という案も出されています。大乗仏教の系統には傑出した人物が三人います。活躍した時代は中論の龍樹が二世紀から三世紀。唯識の世親と、その兄とされる無著は四世紀から五世紀になります。

もう少し広げて仏教の歴史も見ていきましょう。私より詳しい方が多いと思いますし、書き出すと一冊の本ができるほどですから、必要なポイントだけにします。

開祖はもちろん釈尊です。これが紀元前五世紀になります。

釈尊がおこなった布教は地道なものであり、これが教えの基本であることは間違いありませんが、入滅後百年くらいしてから解釈の違いで上座部と大衆部の二つに分裂します。出家のみの上座部と、在家も受け入れる大衆部という区分になるかと思います。この時点で一般庶民が信者になろうとしたら大衆部しかありませんね。しかしこの団体は規模も小さく、中インドから南インドへと南下し、縮小していきます。

これと相前後し、現在のインド全土とパキスタンを合わせた広大な土地を支配したアショーカ王が仏教に帰依したこともあり、急激に信者を増すことになります。昔も今も、宗教団体と政治家の結びつきは強かったのですね。

紀元前一世紀頃には上座部の部派から大乗仏教が起こります。大般若経や法華経が記されたのはこの頃となります。上座部はスリランカや東南アジアに広がり、大乗は六世紀頃から活発な動きをみせ、この頃起こった密教とともにチベット、中国、そして日本にまで拡大しました。

その後インドでは、大乗を含めた部派は十二世紀頃に姿を消し、イスラム教に追われる形で上座部も十三世紀には姿を消したとされていますが、規模の小さかったジャイナ教が存続していることを併せて考えれば、別の要因があったと見るべきでしょう。いずれにしても大乗仏教が起こり、活動も安定した時期に記された経典と考えて間違いはありません。

次に参考となる他の経典です。般若経は「完全なる到彼岸の智恵」を記した一連の経典群の総称です。もっとも早い時期に八千頌《じゅ》般若経が成立し、これを基本に様々な経典がつくられました。三蔵法師・玄奘が中国に持ち帰って完訳した『大般若波羅蜜多経』六百余巻は仏教の経典中、最大とされます。ここで説いているのが「空」であるとされており、般若心経はそのエッセンスを凝縮したものであるということです。

他にも経典は法華経、維摩経、涅槃経、華厳経、浄土三部経などがあり、現在日本で流布されているものの多くは大乗仏教の経典であることがわかります。

その中で今回特に参考にしたと考えたのが維摩経です。

維摩経

捜査は証拠品集めに入っています。

第一章の中で小乗仏教を批判する経典として維摩経を紹介しました。なぜこの経典に目を付けたのか、読んだことのある人にはすぐわかると思います。少し長くなりますがストーリーを要約します。

維摩という僧が病気になり、釈尊が舎利子や須菩提、大迦葉といった弟子たちを見舞いに行かせようとします。しかし弟子たちは過去に対峙したときの苦い記憶があり、行くことを渋るのです。

木の根元で瞑想する舎利子に対する、維摩の語りかけを引用します。

「尊者シャーリプトラよ、あなたのようなやり方で瞑想することを企てるべきではない。三界において身体も、あるいは心も現ずることがないように、そのように（あなたは）瞑想するべきである。（心の動きがすべて尽き果てた）滅尽定（滅受想定）に背を向けずに、（行・住・座・臥の四つからなる）すべての威儀において現ずるように、そのようにあなたは瞑想するべきである。覚りを達成したという特徴を棄てることなく、凡人の諸々の特徴において現ずるように、そのようにあなたは瞑想するべきである。あなたの心が、自分の中にあるのでもなく、自分を離れて活動しているのでもないように、そのようにあなたは瞑想するべきである。あらゆる誤った見解（邪見）に行き着くことを避けることなく、覚りを助ける三十七の修行法（三十七助動法）におうて現ずるように、そのようにあなたは瞑想するべきである。（六道における）生存領域の循環（輪廻）に繋がれた煩悩を断ち切ることなく涅槃に入るように、そのようにあなたは瞑想するべきである。尊者シャーリプトラよ、このように独居して実践する人たちの瞑想を、世尊は認可されるのである」

これに対し、舎利子は一言も返すことができませんでした。舎利子はこれらのことを、釈尊から教えてもらっていないということです。

同じようなことが須菩提、大迦葉でもあり、弟子のほとんどが見舞いを拒否した後、文殊菩薩が見舞いをして対等に渡り合い、釈尊の弟子としての面目を保ちます。

これは小乗仏教の思想を否定し、大乗仏教がいかに優れたものであるかをアピールするためにつくられたものです。

般若心経にも舎利子に呼びかける場面が出てきます。語っているのが誰かわからない上、大乗仏教の優越性を語る論客も出てこないため、目的が同じとはいい難いのですが、その舞台設定が似ていると感じられるのです。

この経典には、般若心経で使われる主な語の説明が多くあります。解く鍵があるかどうかはさておき、重要と思われるところを抜粋します。ここでは必要最小限にとどめますので、詳しく知りたい方は参考文献を参照下さい。

勘違いしている空の理論

まずは「南無、一切智」からです。

これは第三章、光厳の巻に出てきており「無自性である一切大衆の対極の存在として完全なる覚りの座にいる」というものです。ここで最初に挙げた疑問に対しては、既に存在する者と考えていいということですね。もちろんその最有力候補は釈尊ということになりますが、維摩経には釈尊も登場しており、維摩も一切智が釈尊であるとはいっていません。

ただ、既存の人物を採用するのであれば、残念ながら挑戦者の話は消えてしまうことになります。しかし謎が存在するのは事実なので謎解きは継続します。

次は「観自在菩薩」になります。

登場するのは第一章冒頭において大いなる神通の修行を完成している菩薩の中で「自在に見る者（観世音）」として紹介されています。般若心経では「五蘊を空と見極める者」として選ばれたことになります。

次は「五蘊」です。

第三章バービーヤスの巻で法という楽園の喜びとは何かと問われ様々な喜びの中に「色受想行識の五つの集まり（五陰）に対して死刑執行人のように無常であると観察する喜び」を挙げています。ここでは五陰としていますが、五つの集まりとしていたので同じものであることがわかります。それよりも覚りを開いて楽園に住む菩薩たちは、けっこうサディスティックな喜びを持っているのだと驚かされます。

次は「不生不滅」「不垢不浄」「不増不減」です。

これも第三章、優波離の巻で心が汚されるかと問われます。答は「あらゆる物事は生滅を繰り返し存在し続けることはない。物事に自我を帰属させるのは汚れである」と諭されます。

そして「自性空」です。ここはかなり多く書かれていますので抜粋します。

第二章、身体の頼りなさの説法において、「身体」は「泡沫の塊のようなもの」「幻のようなもので顛倒《てんどう》した誤った考えにより生じている」「空であって我も、我がものもない」「虚空のようなものであって固有の性質（自性）がない」「空にして住むことのない村のようなものであって、五陰（五蘊）・十八界・十二入の結合によって構成されたものである」と説いています。

他にもまだあり、般若心経の解説本だけでなく般若心経自体も、かなりこれを参考にしているのだと思われます。特筆したいのは「空の理論」です。実際に見てゆきましょう。

漢字で空としているものは、サンスクリットで候補が二つあります。一つは般若心経で出てきたシューニャ（あるいはシューニヤター）ですが、感覚的に似たような意味を持つ語にアーカーシャがあります。

原子論のところで少し触れましたが、これは虚空と訳されます。水・地・火・風と並ぶ五大元素の一つです。どのような使い方をするかというと、瓶や壺などの容器に水が満たされていたとします。これをすべて流してしまうとカラになります。この場合はシューニャではなくアーカーシャ（あるいは風）を使うのです。

つまり水がなくなって何もないのではなく、水の代わりに虚空という元素で満たされたことになるのです。だからアーカーシャの場合は何もないのではなく、「虚空がある」という表現を使います。

寄り道が長くなりましたが、もう一度シューニャを辞書で引いてみましょう。「からの」「空虚な」「住む者のいない」「捨てられた」「乗り手のいない」「うつろな」「茫然とした」「取乱した」「貧困の」「欠いている」「むなしい」「怠惰な」となります。

それではどの訳が最適か、吟味していきます。

①身体は泡沫のようなもの
②身体は幻のようなもので、誤った考えにより生じている
③身体は空であって我が物ではない
④身体は固有の性質がない
⑤空であって住む者のない村のようなもの

多くの解説本において、空は実体がないとしていました。実体がないというのは、それ自体がそこに存在しない、という意味だと思います。しかし③と④を見ていると解釈が違うように感じられるのです。

固有の性質を、たとえば「持って生まれた能力」と考えてみましょう。五蘊でそれに該当するものといえば何が思い浮かぶでしょう。視力や聴力、あるいは嗅覚が優れていれば、それを生かした職業に就けます。立派な肉体を持っていれば武道やスポーツ、あるいは警護などにも使えます。

しかしこれらは歳を取るごとに衰え、晩年には能力どころか個性ですらなくなっているでしょう。①、②がそれを物語っています。

そこで⑤に注目してみると、辞書に「住む者のいない」という意味があります。例を挙げて考えてみましょう。

たとえば山田太郎という男性がいます。同姓同名はたくさんいるかもしれませんが、本人にとって自分の体や心は自分だけのものです。

しかし③では、身体は我が物でないとしています。④を見ると、もう少しわかってきます。一卵性双生児の山田次郎で考えてみて下さい。細胞レベルではまったくの同一人物ですが、別の人格を持っています。

さらに細かいアミノ酸にまで分解すれば、皆同じもので構成されています。そこに個性はないのです。一部の解説本が思いっきり勘違いしているのはここで、物質としては存在するのです。それでは何がないのか。

人は単純に区分すると肉体と精神からできています。肉体は誰でも同じで固有の性質はありません。つまり山田太郎を山田太郎ならしめるものは精神だということです。これが固有実体の正体です。だから肉体だけで見ると「住む人のいない」家になり、それをあらわす言葉がシューニャになるのです。納得できないかもしれませんが、身体というのは自分の持ち家ではなく、借家ということです。リフォームやカスタマイズはできますが、寿命がきたら大地に返さなければなりません。あの世まで持っていくことはできないのです。

さてシューニャですが、これは形容詞なので主語に使う場合は名詞に換えます。舎利子から後を訳すと、次のようになります。

五蘊は魂のない空き家のようなものである
魂のない空き家こそが五蘊なのである
五蘊は魂のない空き家と言い換えることができる
魂のない空き家は五蘊と言い換えることができる
あの五蘊はその魂のない空き家である
あの魂のない空き家はその五蘊である

反論もあるでしょう。五蘊には意識、つまり心も入っている。それもシューニャだというのか、と。

コンピューターを思い浮かべて下さい。たとえば意識ですが、思考はＣＰＵといった演算装置、記憶領域はＲＡＭやＲＯＭなどの記録装置に該当します。心というＯＳがあれば、その範囲内において自分で判断して行動することもできます。

人間の持つ判断基準は親や兄弟、学校の先生や先輩、友達から与えられたもので、生まれながら身についているものではありません。心というものは、このような機能を指すのです。

機械には人を好きになるという感情はないのではないか、ともいいます。しかしコンピューターに身長やヘアスタイル、ファッションなどの好き嫌いをアルゴリズムに加えたら、ＡさんよりはＢさんの方が好きというような判断はするでしょう。

アルゴリズムという言葉が無味乾燥と感じたのであれば、価値観に置き換えてみて下さい。複数の価値観がぶつかり合ったら、どの価値観で判断しているかわからなくなりますよね。感情的になればなおさらです。

一般にそれはコンピューターに求められる機能ではありませんから、インプットされていないだけです。逆の見方をすれば、コンピューターで実現可能なことは、すべて五蘊に該当するということです、

これは②でいうところの誤った考えになります。

生まれてすぐに殺人組織で育てると、冷酷無比な戦士になるといわれています。これも心が、生まれた後につくられる証といえるのではないでしょうか。

もう少し突っ込んで、山田太郎と魂であらわすと次のようになります、

山田太郎の本質は魂である
魂こそが山田太郎の本質である
山田太郎の本質と魂は似た意味である
魂と山田太郎の本質は似た意味である
あの山田太郎の本質はその魂である
あの魂はその山田太郎の本質である

これならAはBである。ゆえにBこそがAであるといってもおかしくはありません。

ですから、実体がないというのが、肉体や意識がないという意味ではないことがわかっていただければ、色と空の関係は理解できたことになります。

動機の解明

一通り初動捜査が終わりましたので、問題点の棚卸しをします。

①一切智者は既存の人物であるという目処はついたが、それが誰であるか、何をするがる、あるいは挑戦しようとしているのか

②観自在菩薩は五蘊を見極めたとして登場したが、行を行ずるとは何か、また聖なるという形容詞は不自然ではないか

③舎利子への呼びかけは誰がおこなったか。色と空の関係もなぜ三回説明する必要があるのか。一回や二回では駄目なのか

④舎利子への最初の呼びかけで、シューニャターはルーパであるといっているのに、二回目の呼びかけで、シューニャターにおいてルーパはないとしている

⑤語り部は本当に十八界、十二縁起、四諦を否定したのか

⑥なぜ真言を様々な形容で四回も繰り返すのか

⑦なぜガテーを四回繰り返すのか
⑧本当にガテーの真言を唱えれば成仏できるのか
⑨ガテーとは誰か
⑩釈尊はどこにいるのか
⑪なぜ率直にわかる表現を使わないのか。何を隠しているのか、なぜ隠さなければならないのか
⑫結局般若心経に、あの世のことは書いてあるのか

空の理論で一息つけたのですが、意外と問題点は多く残っています。しかし一つ解決することで、芋づる的に答が見つかるかもしれません。

まずは項目ごとに解決の手段を探りましょう。

最初は文法や語の意味、つまり般若心経内で答が見つかりそうなものを見つけます。それ以外は書捜研に調査を委託して情報を得ることからはじめましょう。

それでは一つ目に該当する項目の選定です。

①は⑪の、何かを隠しているものが見つからなければ解けないと思います。そうい

った意味で保留とします。
②は文法上での追及がないと、外部に調査を委託しても調査機関に何を捜せばよいか指示が出せません。従いましてこれは文法での解決を図ります。
③は般若心経の中では解決しない問題だと思います。空の理論が維摩経に書いてあったように、外部に答を求めるものであると感じます。
④は②と同様に、まずは文法での解決を目指します。⑤も同様です。
⑥は回数の問題ですが、回数が違いますので③を先に検討します。⑦も同様です。
⑧は①、⑪と同様です。
⑨は外部に答を求めても無理だと思っています。あくまでも般若心経内で解決を図ります。
⑩舎利子以外はまだ誰も特定の人物を特定できておりません。語の意味と相互関係を精査し、配役の目的を探ってゆきます。
⑪は時代背景などを、もう一度考察します。
⑫は結果として見つからなければ、存在しなかったと判断します。その場合、謎は

迷宮入りになりますが、それだけは避けたいので、作者がこれを記そうとした動機を先に考えてみます。

殺人事件の動機といえば怨恨、金銭、痴情とよくいわれます。その原動力になっているのは、いうまでもなく欲望です。

般若心経を記すことで作者が何かを残したかったのは事実でしょう。それは欲望でしょうか。

サーンキヤというインド哲学を読んでいると、必ず目にするのがグナという感情です。人の行動は三つのグナのうち、どれかに突き動かされているといわれています。

●ラジャ（激質）……積極的な行動、欲望や怒りなど
●タマ（暗質）……保身の行動、休息や怠惰など
●サットヴァ（純質）……献身の行動、慈愛など

一見するとサットヴァ以外は良くないと思われるかもしれません。しかしラジャがなければ生存競争を勝ち抜くことはできませんし、タマがなければ命の危険を感じたときに保身の行動を取ることもできません。バランスを取りながらサットヴァを増や

していくのです。

般若心経にも何度か登場する語に菩薩があります。サンスクリットではボーディ・サットヴァです。意味は「覚った人」となりますので、サットヴァは人と訳されていることになります。

もちろんサットヴァにはそういう意味もありますが、迷い人や凡夫などに使うことはあまりありません。サットヴァにも「覚る」という意味が含まれているのでしょう。

それでは、これを元に作者のグナを判断したら、どれになるのでしょうか。経典だからサットヴァに決まっているだろうと考えるのは浅薄です。昨今の宗教団体の行動を見れば明らかなように、運営には多額の資金が必要ですから、一般の企業と同様に利益も追及します。信者を増やすための布教活動もおこないます。

それがラジャの行動であることは間違いありませんが、それをしなければ教団は潰れてしまうのです。

さらに政治家との癒着は、教団を守るための保身行動です。

教祖の心の核にあるのがサットヴァであったとしても、宗教法人として活動するにはラジャもタマも必要になってくるのです。そういった観点から見てみましょう。題は『到彼岸の完全な智恵』でしたね。読んで、それが感じ取れるのであればグナはサットヴァと判断してもいいです。しかし一読しただけでそれを感じ取れる人は皆無だと思います。

手軽さを売りに信者を集めるのが目的であったとすれば、これはラジャによるものです。それで信者をつなぎ止めておこうと考えたのであれば、タマの行動といえるでしょう。

どんなに証拠が揃っている事件でも、動機がなければ有罪にすることはできません。裁判官を納得させることができないからです。

ここまでの捜査では動機を考慮してきませんでした。英語で記された経典であったなら探す必要はないでしょう。異訳になってしまう可能性が少ないからです。

しかしサンスクリットは、ここまでの解読でわかったと思いますが、かなり自由に訳せます。訳者のグナがしみ込んでしまう危険性もあるのです。

解説本の多くはサットヴァの位置に立った訳が多いと感じます。作者も同じであればいいのですが、他の動機があった場合は永遠に解けないことになるのです。

これまで発刊された本で満足できない理由は、おそらくそこにあるのではないでしょうか。ですから作者がラジャかタマに動かされているのではないか、という観点を入れて解くことにします。

叙述トリック

ここからは残された問題を解いてゆきますので、般若心経の各節が飛び飛びに出てきます。都度ナビゲートはしていきますが、混乱してきたら第一章に戻って確認して下さい。なるべくわかりやすいように、問題は順に処理してゆきますが、①、⑧、⑪は最後に残します。

捜査に入る前に一つ質問です。皆さんは「ＫＹ」と聞いたら何の略だと考えるでしょう。

ＳＮＳで検索すると最近は使用されないと前書きがあり、「空気を読めない」と出てきます。誰かにＫＹだといわれたら、空気を読めと諭されていることになりますね。しかし会社に入ると別の意味になります。

通常はこれに、トレーニングを意味するＴを追加して「ＫＹＴ」とします。空気を読むトレーニングとなってしまいそうですが、答は「危険予知訓練」です。一枚の画像や動画から、どんな危険が潜んでいるかを想像し、災害を未然に防ぐことを目的にしています。

同じ「ＫＹ」でも、まったく違う意味が存在します。注釈がなければ読者は、自分の中にある「常識」で判断するでしょう。作者が意図しておこなっているのであれば、間違った方向に誘導される可能性が高いと思った方がいいですね。

般若心経でも、短いがゆえに勘違いしている語句があると想像されます。その代表が「空」でしたが、他にもまだあると意識して捜査を続けてゆきます。

まずは観自在菩薩からです。

観音様は様々な変化があることは前にも触れました。一部を挙げていくと次のようになります。最初が日本や中国での名、次がインドでの名、最後がサンスクリットでの意味です。

●十一面観音・エーカダシャムカ・十一の顔
●千手観音・サハスラブジャ・千の腕
●如意輪観音・チンターマニチャクラ・思考の真珠の輪
●馬頭観音・ハヤグリーヴァ・馬の首

どうですか。意外とストレートな意味に驚かれたと思います。観自在菩薩については数冊で解説がありましたので、多かったものを取り上げてみます。

アヴァローキテーシュヴァラを分割するとアヴァ・ローキタ・イーシュヴァラの三つの語になります。

●アヴァは「離れて」「下に」の意味を持つ接頭辞
●ローキタは「見る」という意味の動詞ロークの過去受動分詞
●イーシュヴァラは「〜し得る」「〜する能力のある」という形容詞の他に、名詞として「所有者」「支配者」「主」「王」と、「自在天」という神格をあらわす名

形容詞を採用すると「離れて見る能力のある」観音様ということになりますが、多

分この説明ではわからないと思います。玄奘は自在天をそのまま使い、「見る」を合体して観自在としました。

それでは自在天とは誰なのでしょうか。これも書捜研に調べてもらいました。

この神様は色々な説があり特定するのが難しいのですが、インドとして見ると、ヴィシュヌ神と並ぶヒンズー教最高の支配者であるシヴァ神を指す名です。仏典ですから、これはありえませんね。

仏教の経典では、これも維摩経に出ており、天女に化けて修行中の釈尊を誘惑しようとします。織田信長が、大自在天を名乗っていたのは有名な話です。また他化自在天としては、欲界に生き、自分より下位の生き物の自由を奪い、自分の楽しみにする魔王とのことです。自己中心的な神様といったところでしょうか。

インドの神様は誰もが品行方正、万人のお手本になるような神様ばかりではありません。一芸に秀でていれば、誰もが神様なのです。

解読に戻ります。

「離れて」よりは「下に」として「見下ろす能力のある」観音様とすれば、支配者とマッチしてきます。でもどこかスッキリしません。

いったんここは置いておき、行動の方を見ていきましょう。

般若波羅蜜多の深淵において行を行ずるところです。注目して欲しいのは同じ動詞のロークが使われていることです。ここでは接頭辞としてヴィと先ほどと同じアヴァが使われていました。同じ語を修飾しているのですから、当然この二つは別の意味になるはずです。

トリックが仕掛けられているとすれば、アヴァとロークはセットになっているのですから同じ意味になると考えるべきです。もう一度ヴィとアヴァの意味を見直していきましょう。

●ヴィ・「分離」「欠如」「分散」「隔てて」「遠くに」「反対に」
●アヴァ・「離れて」「下に」「不振」「軽蔑」「決意」「浄化」「愛顧」「恩恵」

拡大解釈をしながら類似の意味を削除していくと、ヴィはなくなってしまいます。従ってアヴァが別の意味になると考えればよいことがわかります。「浄化」「愛顧」「恩恵」が候補として残りました。

これをもう一度観自在菩薩にフィードバックすると面白いことがわかってきます。それが接頭辞としてのアーリアです。これは「聖なる」という訳になっていましたが、最初に実地見分したとき聖観音に、聖なるを付けるのはおかしくないかと問題提起しました。

そのときはアヴァローキテーシュヴァラに「聖」の意味はないと考えていましたが、アヴァに「浄化」の意味を当てると「聖観音」が成り立つのです。つまり「聖なる聖観音」となってしまうのですね。

それが正しいなら、アーリアの意味を見直す必要が出てきます。

●アーリア・「聖なる」「信義厚き」「尊敬すべき」「アーリア人の」

最後の「アーリア人の」は狭義でバラモンを意味します。仏教の経典として考えた場合シヴァ神と同様、これはあり得ません。しかし他の語を当てるとなると、どれも多少は意味が重複することになってしまいます。

ここも保留にして次の謎にいきましょう。

舎利子への呼びかけです。舎利子という人物に着目するなら呼びかけは一回でいいことになります。これ以外にも色と空の関係、不生不滅のやりとりなどがあり、三回にこだわっているように感じられます。

三回、あるいは三度。

三度といえば仏教関連で「仏の顔も三度」という諺がありましたね。これは釈尊がまだ若い、つまりシャカ国の王子であったころのお話です。

隣のコーサラ国から「王妃にふさわしい身分の高い女性を嫁がせよ」との要求が出されます。しかしそれを良く思わなかったシャカ国は、身分の低い女性を「高い」と偽って差し出します。

それを知ったコーサラ国は怒って兵を出しますが、釈尊から説得されて引き返します。

同じことを三度繰り返した後、さらなる要求に対し同じことを繰り返したシャカ国は、懲りない自国を見限って釈尊が説得をおこなわなかったため、コーサラ国に滅ぼされることになります。

四度目はないため三度までは許されるという解釈が多いのですが、釈尊としては三度目でもう我慢の限界にきているのです。

これを舎利子への呼びかけに当てはめてみましょう。

一回目と二回目の呼びかけは「イハ」でした。これは「この世では」の意味で、呼びかける方も穏やかであったと想像できます。

しかし三度目は、それが「タスマート」に変わりました。これは「それだから」の意味でしたね。続けると「それだからシャーリプトラよ」になります。

少しイラっときている様子が見えませんか。誰が語り掛けているかはわかりませんが、あの釈尊でも三度目が限界でした。

色と空、不生不滅のやりとりも、おそらく同じ理由から三度繰り返しているのでしょう。逆に見れば、舎利子はここで説教されている内容が理解できなかったのです。ですから前半部分で三度も舎利子の名が出てくるのに、後半では一度も出てこないのです。四度目はないのですから。

舎利子といえば釈尊から「智恵第一」といわれた秀才です。現代の日本でいえば、大学入試のセンター試験で、トップの成績を取るような人物です。

ここでいいたかったことは、色と空の関係は、誰も理解できないような「とても難しい理論」であるということではないでしょうか。

三度という数字は強調もあったかもしれませんが、今のような意味が大きいと判断してよいでしょう。従いまして色と空のやりとりでの内容の違いは、気にする必要はなしとします。

空と空相

次は四番目の残存問題です。

「空はまさに色である」と「空中において色はない」の関係です。

先にシューニャとシューニヤターの関係を整理しました。シューニャは「住む人のいない家のようなもの」という形容詞、シューニヤターは「魂」の存在を欠いたものという名詞でしたね。

漢訳の「空中」はシューニヤターヤーンを訳したものですが、これはシューニヤターの処格ですから「空き家においては」となります。その後は色ではない、受ではないと続きます。先に検討したときは、主語ではないからと流してしまいました。

合わせると先の二つは「空き家はまさに色蘊である」と「空き家においては、色蘊はない」となるわけです。この色蘊のどちらかが眼の対象物である単なる「色」であればいいのですが、どちらも同じ意味となると理由を捜す必要があるということです。

山田太郎の本質と魂を論じたときは、違和感はありませんでした。その同じものが、片方を処格にするだけで否定の関係になってしまうのです。

ここはとても難しいと感じられますが、山田太郎と魂の関係を憶えている間に片付けてしまいましょう。

問題があるとすれば後半部です。この節だけでなく、もっと後ろまで見てみましょう。

「それだから舎利子よ、空き家においては、色蘊はない、受蘊はない、想蘊はない、行蘊はない、識蘊はない。眼耳鼻舌身意はない。色声香味触法はない。眼識界から意識界に至るまでない」

ここまでで五蘊と十八界を否定します。この後も十二縁起と四諦を否定します。その前はどうだったでしょうか。

「舎利子よ、この世では、すべての情報は空き家の特徴を持つ。生じず滅せず、汚くもなくきれいでもなく、増えもせず減りもしない」

これを検討項目に加えても、新しい発見はないと感じます。維摩経で取り上げられていることも同じです。別の視点からの突っ込みが必要ですね。

先ほど色と空の関係において、空の理論そのものより、舎利子が理解できなかったことを、より大きな問題として取り上げました。今度はその部分を抜き出してみましょう。

「舎利子よ、この世では、色蘊は空き家である」

「舎利子よ、この世では、すべての情報は空き家の特徴を持つ」

「それだから舎利子よ、空き家においては色蘊はない」

わかりますか。見えてきましたよ。

二回目の呼びかけを解読していたとき、次はあの世の説明があるのではないかといったのを憶えていますでしょうか。「この世では」を意味する「イハ」が不変化辞の副詞であったため気付かなかったのですが、名詞の格に当てはめると処格に似ていると思いませんか。

もっと具体的にいえば「イハ」を「この世では」と訳すのではなく、「この世においては」とするのです。

こうしても先の二回の呼びかけにおいては何の違和感もありません。違うのは三回目に対する影響です。

三回目の呼びかけは「それだから舎利子よ」でした。ここで騙されたのです。

その後を見てもらえばすぐにわかるように、処格の語があります。シューニャターヤーンを「あの世においては」と訳せば、待ちに待った展開になるのです。

こうすれば、この世では色蘊と空き家が同じようなものであっても、あの世に色蘊など存在しないといえば成り立ちます。

そうすると、言葉の使い方を少し見直さなければなりませんね。

ヒンズー教ではこれに近い内容を総括する言葉があります。あの世に該当するのが

「プルシャ」、この世は「プラクリティ」です。

そのまま使うとヒンズー教の経典になってしまいますので、プルシャを「精神世界」、プラクリティを「現実世界」あるいは「物質世界」にしたいと思います。

物質世界の方がイメージしやすいと考える方が多いかもしれませんが、意識や心といったものが除外されかねませんので、現実世界の方がいいですね。

つまりシューニヤターは、この世においては空、つまり五蘊のことであり、あの世においては魂の意味である、ということです。

五番目の問題は今の説明で解決したと考えます。

続いて六番目の真言にいきましょう。

マントラ

次の残存問題は四つの真言です。

- マハーマントラ

●マハーヴィドヤーマントラ
●アヌッタラマントラ
●アサマサママントラ

先に文法上確定できる項目を見てゆきましょう。

頭に「ナ」はついておりませんが、違う語が四つ並んでいます。この構成は、基本形が並んで最後に複数形をもってくる「眼耳鼻舌身意」と違うことは明らかです。すべてが単数であるので、おそらくこれは四つのマントラがあるわけではなく、一つのマントラを四種類の表現にしたと考えて間違いないでしょう。ここまでは異論はないと思います。

次にマントラを修飾している語の意味ですが、順に「偉大な」「偉大な知識の」「無上の」「比類なき」となり、最大の賛辞が与えられています。

しかしその節でも説明しましたが、褒めたたえるだけで、それがどんな意味を持っているのかまではわかりませんでした。留意すべき点として挙げたのは、ヴィドヤーとアヌッタラが、前の節に記されている内容と関連付けられているということです。

解説本で説明されているマントラは、通常「ガテー」から「スヴァーハー」までを指しますが、それで間違いないのか、なぜ四回繰り返したかを考えていきます。

マントラは「真言」と訳されます。大乗仏教と同じ起源を持つ密教が有名なので、これを見てゆきましょう。

インドからはまずチベットに入ります。ダライラマで有名なチベット仏教ですね。日本へは弘法大師、空海が持ち込み、その名の通り真言宗を起こします。

密教の行法は「三密行」を基本とし、それぞれ身体の働きである「身密」、言葉の働きである「口密」、心の働きである「意密」を示しています。

これらの具体的な行動としては「印を結ぶ」「真言を唱える」「ご本尊の姿を瞑想する」となります。

この教えを積極的に取り入れていった集団の一つに忍者があります。現代において、その存在は広く認められ、活躍する小説や映画も多く見られますが、当時は一人の人間として認められないほどの卑しい存在だったのです。

忍者としての仕事は権力者の諜報活動であり、戦略を左右するほど重要なものであったのですが、忍び込んだ先で見つかれば虫けらと同じように処分されるだけです。従って、身を隠す術は命がけのものだったのですね。草葉隠れ、木の葉隠れ、柴隠れなど術は様々ですが、基本的に真言は同じものでした。

ご本尊は摩利支天、太陽の前にある陽炎を神格化したものです。結ぶのは隠形印といって、握った左手の拳を右手の平で包み込む簡単なものです。真言は「ノウマク・サマンダ・ボダナン・オン・アニチ・マリシエイ・ソワカ」となります。

この他にも、様々な神格にそれぞれ独自の印や真言が存在し、目的に応じて使い分けていったのです。

こうして聞いていると、真言はどれも重要な意味を持ったものに感じますね。それでは本場インドではどうでしょうか。

もっとも有名なのはガーヤトリーマントラといって、ヒンズー教徒が毎日唱えるものです。これはリグヴェーダというもっとも古い聖典群の三巻、六十二讃歌の一詩節を唱えるもので、その神格から別名サヴィトリ讃歌とも呼ばれています。

ガーヤトリーマントラ

ॐ भूर्भुवः स्वः ।
オーン　ブール　ブワッ　スヴァハ
तत्सवितुर्वरेण्यं ।
タト　サヴィトル　ヴァレーンニャン
भर्गो देवस्य धीमहि ।
バルゴー　デーヴァッスヤ　ディーマヒ
धियो यो नः प्रचोदयात् ॥
ディヨー　ヨー　ナハ　プラチョーダヤート

日本の浄土真宗の信者が毎日「南無阿弥陀仏」を唱えるのと同じです。ただ内容については、般若心経と関係はなさそうです。一つだけいえることは、真言には必ず神格が存在するということです。

マントラという語は使用範囲が広く、ヴェーダ聖典全体を意味することもありますので注意が必要です。

ですから偉大なるマントラといわれても、たとえばリグヴェーダやサーマヴェーダであれば、そう呼ばれても違和感はありません。しかし膨大な量のヴェーダ聖典を一つひとつ読んでいったら、おそらくは時効になってしまうでしょう。解く鍵は般若心経の中にあるはずです。

しかしながら、マントラの修飾語はどれも抽象的なものばかりで、何かを特定できるものといえば、菩薩の解脱くらいでした。これだけでは解けませんので、ミステリーの鉄則に従い、解く鍵を探すため冒頭に戻りましょう。

再び観自在菩薩

般若心経の冒頭は何度も見ました観自在菩薩です。ここは話題に挙げただけで何も解読されておりません。手つかずの案件から処理してゆきましょう。まずは観自在菩薩の行動です。

「(未来の)行を(現在)行じつつ、それを過去に見させた」

そう訳してはみたものの、イメージが浮かぶところまではいきませんでした。

この短い一節に過去、現在、未来の三世があることはわかります。もう少し細かく見ていきましょう。

未来の行とは、自分が将来完遂しなければならない仕事のことでしょう。それがいつになるかわかりませんが、完遂を目指しておこなうのが現在になります。その行が何であるかを見極めたのが過去のことであった、そういう解釈でいいと思います。

仏教ではあまり重視されていないように感じますが、これはＳＮＳなどで「カルマの法則」と呼ばれるものです。カルマというと、現世での罪が来世に持ち越されるといった意味で捉えられていますが、本来は自分に課せられた使命なのです。

ですから順番としては逆になり、最初は自己のカルマを知ること、次はカルマの達成に向けて精進すること、最後はカルマを達成することになります。カルマの達成に向けて精進している人が菩薩というわけです。

ここで注意してほしいのは、一度の人生でそれが達せられるのではないということです。何度も何度も人生をやり直して、何度も失敗した上で菩薩になってゆきます。魂ごとにカルマが決まっていて、誰しもが、ひたすらそれに向かって努力していくのです。使役動詞を使ったのは、「過去の自分にさせた」という意味であったと思われます。

しかし、前世の記憶を持っている人はほとんどいません。では魂のカルマはどうやって知るのでしょうか。

好きなことをすればいいのでは、と考える人もいるでしょう。でも意識はつくられるものです。自分でインプットすることもできます。それは欲望に過ぎないのです。

一番確実な方法は、様々なことをしてみて、学校の先生や友達から褒めてもらえることです。好きであれば上達は早いと思われがちですが、カルマを持った人の上達はその比ではありません。世間ではそれを天才と呼びます。

勝負の世界ならわかりやすいでしょう。野球のイチローさんや大谷選手、将棋の藤井聡太さん。自分のカルマを見つけて精進している方を見ると、すがすがしさを感じます。

イチローさんの引退会見は見られたでしょうか。

「後悔など、あろうはずがありません」

このセリフは菩薩を超えて生前解脱した人にしかいえません。

ここで思い出して欲しいのが「無智亦無得」の次の節です。もう一度貼り付けます。

> **以無所得故菩提薩埵依般若波羅蜜多故心無罣礙**
>
> तस्माद् अप्राप्तित्वाद् बोधिसत्वानाम्
>
> タスマード　アプラプティトヴァード
>
> ボーディサッタヴァーナーン
>
> प्रज्ञापारमिताम् आश्रित्य विहरति अचित्तावरणः
>
> プラジュニャーパーラミターン　アーシュリトヤ
>
> ヴィハラティ　アチッターヴァラナ

その時考えた訳は「(経典を読んでも理解できないから)思考を止め、菩薩たちの到彼岸の智恵を頼りにして暮らしている」となりました。先ほど関連付けたアーシュリトヤの語が入っているのがわかります。

この一節をあらわす諺がありましたね。「百聞は一見に如かず」です。たとえば野球で、「自分も生きる送りバント」を習得しようとしたとしましょう。教本の「上の手の使い方」や「バットの角度」「ボールカウント」などを見て練習します。でも上達の早い子は、イチローさんの打席を見て真似をするだけなのですね。本を見て頭で理解できる教本なら、まだいいとしましょう。読んでわからなかったら何の役にも立ちません。

同じように、解脱を目指すなら経典を見て考えるより、自分と同じカルマを持った菩薩を見習った方が確実だというわけです。

これで「菩薩」のイメージはわかっていただけたかと思います。逆にいえば、観自在菩薩がおこなっていた行は、完遂直前、つまり、イチローさんの境地であることがわかりますね。

その観自在菩薩ですが、名前から考えれば仏教徒になります。しかしながら修飾するアーリアの語で迷いが生じました。「アーリア人の」とすると仏教徒ではなくなってしまうからです。

手詰まり感があることは間違いありません。もう一度観自在菩薩のフルネームを見てみましょう。

アヴァ・ローキタ・イーシュヴァラ。

接頭辞のアヴァ、動詞の過去分詞であるローキタは検討しました。問題はイーシュヴァラです。シヴァ神の化身ですが、自在天という名で通っています。

神格である以上は、どこかの経典に出ているはずです。ここは「アーリア人」という答の可能性を信じてバラモン・ヒンズー教に捜査の範囲を広げましょう。

そう思って書捜研に調査を依頼しましたところ、『ヨーガ・スートラ』に登場していることがわかりました。これは先ほど触れたサーンキヤ哲学系の経典で、いわゆる「ヨガ」の指南書になります。

ヨーガとは何か

日本でヨガといえば身体の調子を整える体操のイメージですが、本来は解脱、つまり完全なる到彼岸をおこなうための方法や行為を教えるものです。インドではヨーガと長母音で発音しますので、それに従います。

その前にどんなヨーガがあるのか見てゆきましょう。

●ラージャヨーガ……ラージャは「王様」の意味です。年配の方ならマハラジャというディスコがはやったのを憶えておられるでしょう。正式にはマハー（偉大な）ラージャ（王様）になります。具体的には眠ったまま、身体が死んでも夢を見続けるものです。いい夢を見なければ転生を繰り返します。

●カルマヨーガ……自らに課せられたカルマ（天命）を知り、その達成に向けて努力していくものです。意識に邪魔されずに自らを律することが課題です。

●バクティヨーガ……バクティは「信愛」の意味で、信ずる神をひたすら信じることで心を浄化していくものです。キリスト教の「アーメン」、浄土系の「南無阿弥陀仏」のように、ひたすら唱えることです。疑いを持ってはいけません。

●ハタヨーガ……クンダリニーヨーガともいい、身体の奥底に眠る蛇を呼び覚まして一気に昇天させます。準備段階のアーサナが一般にヨガと呼ばれているものです。きちんとした指導を受けないと身体を壊すだけです。

●ジュニャーナヨーガ……智恵のヨーガと呼ばれており、般若経もこのヨーガに分類されます。道理を理解して納得ずくで死を迎えるものです。

細かく分けていくと他のヨーガもありますが、大きくはこの分類でいいでしょう。実際には、どのヨーガをおこなうかではなく、複数を組み合わせておこなうのが一般的とされています。

ヨーガ・スートラはジュニャーナヨーガに該当し、サーンキヤという哲学の理論で解脱の方法を指南します。日本語版も出版されていますので、興味のある方は読んでみて下さい。

それではイーシュヴァラに関係のある詩節をピックアップしましょう。

●（サマーディへは）神（ヨーガ・イーシュヴァラ）への献身によっても達成できる
●イーシュヴァラの存在は証明できない
●混乱、行為やその結果などによって一切影響を受けない根源的存在（プルシャ）がイーシュヴァラである
●自己探求、自己学習、神（イーシュヴァラ）への献身、これらを（ひとまとめにして）クリアヨーガ（実践ヨーガ）という
●ニヤマとはシャウチ（清純）、サントーシャ（知足）、タパ（熱）、スヴァーディヤーヤ（自己学習）、イーシュヴァラ・プラニダーナ（神への献身）である
●神（イーシュヴァラ）への献身により、サマーディの状態に達する
イーシュヴァラの登場する詩節は、こんなところです。注釈のない語ですが、サマーディは「三昧《ざんまい》」と呼ばれているもので、生前解脱の状態であるといえるものです。「〇〇三昧」という言葉で使いますね。またニヤマはヨーガの入口から一歩踏み込んだ状態です。

この詩節から読み取れるものがあるとすれば、これらの理論を習得し、イーシュヴァラに帰依すれば解脱できるというところでしょうか。

仮にこれが一つの答であったとしても、般若心経における、その前の詩節「以無所得故」と反対のことをいっていることになります。それでは最初に否定した、個々の説明はわかっても全体としてストーリーがつながらない状態です。

重要な手がかりであると思ったのですが、空振りに終わったようです。

現代の般若心経の解説本でもそうですが、難しいものは読んでもらえません。面白い、ためになる、あるいはワクワクするような経典でなければ、出家するような信者はともかく、在家や大衆には受け入れられなかったでしょう。

しかし、現代ならともかく、そんな経典や解説本が当時のインドにあったのでしょうか。捜査の範囲が広くなるため、これは書捜研に捜査を委任しましょう。

第三章

意外な結末

誰が舎利子に語り掛けたか

先に回数の問題を考えていきましょう。

舎利子のところで、三度が限界だから四度目はないとしました。それを元に考えるなら、マントラの一節は釈尊を怒らせているはずです。そんなことをしたらどうなるか、誰でもわかりますよね。

そうです、破門です。おそらく作者は破門を覚悟の上でこれを残したのです。ラジャに突き動かされたのであれば、こんな遠回りな書き方はしなかったでしょう。タマによる行動なら釈尊を怒らせるような手段は取らなかったはずです。従って、これはサットヴァによる記述であると判断できます。

このような例は現代でも存在します。大企業の経営陣が並んで頭を下げる姿は、今では珍しくありません。その陰で内部告発文書の存在があることは周知の事実です。

会社ぐるみの不正を暴くことは正義感によってなされ、告発者にとっては何の得もありません。文書が世間に公表されずに保守的な役員の目に触れれば、自分だけでなく家族も社会的に抹殺されるかもしれないのです。

それにしても不思議なのは、どうしてこういう不祥事がなくならないかということです。もちろん事情はあるでしょう。しかし会社が生まれた理由、あるいは企業理念をしっかり守っていれば、倒産は避けられなかったとしても頭を下げる必要などないはずです。

そんな会社で内部告発をしても、それとわかる文書では広がる前に会社の関係者に処分されてしまうでしょう。ＳＮＳであれば拡散は可能と考えるかもしれませんが、会社側は対抗処置を打ってきます。無毒化した後は告発者を煮るなり焼くなり、好きにすればいいのです。

わかりますでしょうか。上層部には解読できないが、解読できる智者があらわれたら拡散できる。そんな告発文書であればいいわけです。般若心経が容易に理解できない背景には、それに類する事情が隠されているはずです。

現在はまだ、それが何であるかわかってはいません。解読を続けます。四回続けるところはもう一つありました。最後の「ガテー」です。先の判断が正しいなら、これも破門の対象になるはずです。実名を晒すだけで怒りを買うのであれば、相当悪いことをしているのでしょう。現代なら安全基準で国に不正な報告をした責任者とか、大きなプロジェクトを誘致するため政治家に賄賂を渡した重役などです。

当時は大きな勢力を誇っていたインドの仏教団も、次第に力を失い、ついには姿を消してしまいます。これは現代なら倒産になるでしょう。そのことと関係があるのかもしれません。

もう一度、そういった観点で登場人物の見直しをおこないます。

まず大きな前提になるのが、釈尊は、あの世について説いてはいないということです。誰に聞かれてもひたすら沈黙を守ってきました。

理由は、それを大衆に説いても理解できない内容だから、ということでしょう。これは先に「無智亦無得」と「以無所得故」で検討したことと合致します。

そうなると、一切智者を釈尊にした場合、別の問題が出てきます。あの世は物質も音もない世界です。これを記しても届けることはできないのです。ツイッターのように、ただ呟いてみただけ、あるいは愚痴をいってみただけというのであれば成り立ちますが、そんなものが千五百年以上も残されているとは考えられません。

そのような理由から、少なくとも一切智者は、釈尊ではないと判断できます。

次の観自在菩薩ですが、現在「アーリア人」の経典を調査中ですので、その結果を待って結論付けをしましょう。

ここまで誰が舎利子に話しかけたかは、あまり問題にしてきませんでした。誰が話しかけても同じだと思っていたからです。しかしながら三回目の語りかけで、その者が「あの世」の仕組みを知っていることが判明しました。これはとても重要なことです。

候補として挙げられる一番手は、なんといっても釈尊でしょう。匿名にしている理由も説明できます。問題があるとすれば目的です。維摩経を見てもわかります通り、色と空、不生不滅は釈尊ではなく維摩に語らせています。つまり般若心経でこれらを釈尊のセリフにすることは、同時に維摩経を否定することになりかねないのです。

ここでもう一度原点に立ち返りましょう。この本だけでなく、あらゆる解説本の底流にあるのは「釈尊ならこう考えるはずだ」「釈尊がこんなことをいうはずはない」という固定観念です。この呪縛から解き放たれないと、謎は解けないかもしれません。

それでは誰が舎利子に語りかけたのか。それは舎利子の立場から考えれば候補者は絞られます。舎利子より上の立場であることは確実なのです。また匿名にしているのですから、実在の人物であることも間違いありません。

アーリア人、つまりヒンズー教の他の教団の人物やバラモン教の神格であることも可能性としてはありますが、語りの内容が仏教で説かれたことであることを考慮しますと、やはり仏教関係に限定されるでしょう。

そうなると答はほぼ一人に絞られます。歴史に詳しい方ならおわかりだと思いますが、龍樹以外には考えられません。語っている内容も「中論」で説かれたことと一致します。

アーリア人の経典

書捜研に依頼していた調査結果がきました。バラモン・ヒンズー教で一般向けに書かれている経典は、意外に多くあることがわかりました。

最高の権威を持っているのは四ヴェーダ、つまりリグヴェーダ、ヤジュルヴェーダ、サーマヴェーダ、アタルヴァヴェーダです。ここにはそれぞれ本文であるサンヒター以下、ブラーフマナ、アーラニヤカ、ウパニシャッドという解説書がぶら下がる構成になっていますが、マヌ法典という律令で、これらを読むことができるのはカースト制度の中の、バラモン、クシャトリア、ヴァイシャの男性に限るとされています。

労働者階級や女性は読まなくていいのではなく、もう少しかみ砕いた書が存在するのです。それをまとめてプラーナ文献というのですが、その多くは物語形式になっており、楽しみながらヴェーダの思想を学ぶことができるというものです。

当然のことながらヴェーダ聖典を読むことができる上位カーストは、これらを読む必要はありません。仏教団に属する者もカースト上はバラモンに準ずるのですから同様です。

とはいいましても、これは建前であり、実態は時代が下るに従って変化していきます。簡単にいえば堕落するのですね。

バラモン教は釈尊の時代に一度、権威が地に落ちます。その後ヴェーダンタという学派が回復を図り、ヒンズー教として再生することができました。仏教団が小乗と大乗に分かれたように、ヒンズー教もサーンキヤ、ニヤーヤ、ヴァイシェーシカといった学派が派生していきます。

もうこの頃になると新しい教書が多くつくられ、ヴェーダ聖典は昔ほどの影響力はなくなってしまいました。相対的に注目されてきたのがラーマーヤナとマハーバーラタという二大叙事詩です。日本でいえば古事記や日本書紀に相当します。

その一つであるマハーバーラタは、王家の兄弟が繰り広げる戦記ものになります。

ストーリーは、弟であるバーンドゥの息子にして、物語の主人公であるアルジュナ王子が、いざ戦闘が始まる直前になって戦いたくないといい出すのです。相手は敵といっても、昔は一緒に遊んだ従兄弟たちですので、心情としては充分に理解できます。ここでヴィシュヌ神の化身であるクリシュナは、アルジュナに戦う意義を説き戦闘に向かうことを決心させるのです。

アルジュナが戦いたくないといい出したときから戦闘に向かうまでの、二人のやり取りを抜き出したのがバガヴァット・ギーターという聖典です。バガヴァットは神、ギーターは歌という意味で、合わせて「神の歌」となり、現代でもヒンズー教の重要な聖典として、多くのヒンズー教徒に愛読されています。

書捜研が、大衆の読む経典は、これではないかと報告してきたのです。

般若心経に戻りましょう。四つのマントラが出てくる前にあった語は「知られるべき」あるいは「学ばれるべき」の意味でした。

もしマントラがガテーではじまる一節だとしたら、意味が重要になってきます。多くの解説本でいわれているように、音を感じるだけでは、学ぶことにならないからです。

大衆でも理解できるアーリア人の聖典ということで、最有力候補が決まりました。

バガヴァット・ギーターの構成を先に説明しますと、叙事詩ですので同じ程度の長さの詩節が並んでいます。全体は十八の章に分かれており、合計七百の詩節があります。

内容は聖典になるくらいですから、神の教えが満載です。ヨーガの指南書ともいわれており、魂に課せられた義務を遂行するカルマヨーガと、神への信愛を説くバクティヨーガを学ぶことができます。

名言集的な本も出版されていますので、般若心経に関係のありそうな詩節を挙げてみましょう。

●魂はいつ生まれるということもなければ、いつ死ぬということもない。時をこえて常に存在するもの。肉体は滅んでも魂の死滅はない

●人が古い衣服を捨て、新しい衣服に着替えるように、魂も古い肉体を捨てて新しい肉体をまとう

●ヨーガの境地にない者は、欲望のままに仕事の成果を期待し、執着して、それに束縛されていく

●成功においても不成功においても、平等な態度を保ちつつ、執着なく働け。平等心こそヨーガと呼ばれる

●心の統制ができ、常にヨーガの修行ができている者は、唯一神の中に存在する平安を得る。そして最高の境地である涅槃にいたる

●苦悩の緊縛からの解放がヨーガである。人は失望せずヨーガの修行に励まねばならぬ

●存在しない物の存在はなく、存在している物の不存在もない。本質を知る智者たちは、その両者の究極の姿を見届けている

使用している語は若干平易になったものの、書いてあることはヨーガ・スートラと大差ないと思われたのではないでしょうか。

学ぶべきと指定されたマントラは単数でした。バガヴァット・ギーターそのものがマントラと考えることもできますが、読者の皆さんは、それでは満足できないでしょう。謎だけ用意して、解かずに事件を解決する推理小説のようなものだからです。

ですから私は七百ある詩節の中から、般若心経の作者が意図したものを書捜研に探

させます。この聖典を見つけてきた彼らなら、きっと見つけてくれると信じています。他の聖典を探す時間もないため、ここに該当するものがなければ迷宮入りとなります。

ガテーガテーは真言なのか

書捜研が捜索している間に、ガテーの意味を考えましょう。つぶやきか内部告発文書かはわかりませんが、学ばれるものである以上、そのままにしておくことはできません。意味より先に語句を整理します。四つ連なっている意味は先ほど推理しました。ですから語句としての意味を考える場合は一つでいいことになります。

「パーラサン・ガテー　ボーディ　スヴァーハー」

ずいぶんコンパクトになりましたね。直前にマントラといっているのですから、これがマントラであることは間違いないでしょう。日本語では「真言」と訳されますが、本来の意味を調べておきます。

「真言」「思想」「祈り」「讃歌」「祭詞」「呪詞」「聖典」「相談」「決定」「助言」「秘密計画」となります。

真言から聖典まではなんとなく納得できますが、意外な意味もあります。真言や聖典のふりをした「相談」や「助言」などというものもありそうですね。これも書捜研に伝えておきましょう。

それでは意味を調べていきましょう。まずガテーですが、人と行為、両方の可能性があるとしました。

隠さなければならないことを前提に考えれば、人なら「黒幕」などになります。行為の場合だとどうなるか想定してみましょう。

行為が完全な到彼岸をするというのは、この世からその行為が完全に抹殺されることになります。しかし先にも話しました通り、あの世ではそれを見ることも聞くこともできません。永遠に葬り去ることを意味するのであれば、その行為が何かわからない以上、作者がいない今となっては探す術がないことになります。

人であるなら、尊敬、侮辱、怨恨などの心情から捜査することも可能です。仮に行為であったとしても、人が特定できれば想像することが可能です。

そのような理由から、人のみに絞って調査をおこなうことにします。問題は何といっても性別です。

男性であれば、舎利子に語り掛けたと予測した龍樹も候補者として挙がってくるのですが、女性となると想像もつきません。書捜研に依頼してありましたので、まずは結果を聞きましょう。

候補としては二人あったそうです。

一人は観自在菩薩。絵画や仏像を見ていると、女性を感じさせる表現があるとのこと。しかしＳＮＳで検索すると「観音様に性別はない」と出てくるので、逆に見れば女性と考えてもいいのでは、とのこと。

もう一人は、釈尊の母親である摩耶夫人。生後七日で死に別れていますので、女性、単数の候補としては充分だとのこと。

神格として考えれば、どちらも資格は充分にあると考えられます。文法上、女性であることは確定しているのですから、釈尊や龍樹よりふさわしい理由を捜さなければなりません。

捜査完了

書捜研からはさらに、バガヴァット・ギーターのマントラに関連が深いと考えられる、興味深い詩節が見つかったとの連絡がありました。

तानकृत्स्नविदो
ターナクリトスナヴィドー
मन्दान्कृत्स्नविन्न
マンダーンクリトスヴィンナ
विचालयेत् ॥३-२९॥
ヴィチャーライェート（3－29）

訳としては「すべてを知る者は、すべてを知らない愚者を動揺させてはならない」となります。最後にある数字は第三章の二十九詩節であることを示しています。

ポイントは何といっても「すべてを知る者」です。きっと冒頭ですべてを知る智者と名指ししておいて、バガヴァット・ギーターの一詩節を学ばせようとしたのです。

何を学ばせるか、それは当然大乗仏教を起こした目的、つまり理念です。龍樹の存在によって大乗仏教団は潤ったかもしれません。しかしそれは同時に、何も知らない在家の信者を置き去りにする行為になっているのです。

意味をわかりにくくしたのは、これが教団のトップ批判になるからでしょう。当時その行為にどんな罰則があったかはわかりませんが、ミステリーを駆使しないと解けない文面から考えても、かなり厳しかったと想像できます。

たったそれだけ、とがっかりされるかもしれません。しかし2ツイートサイズという長さから考えても、この程度のことを伝えるのが精一杯でしょう。大般若経のエッセンスを凝縮するなどありえません。

創業の理念を忘れた経営者は、今の時代においてもテレビで謝罪が絶えません。大乗仏教もインドでは信者を失いました。この助言を聞いていたら、あるいは存続していたかもしれないのです。仏教より集客力の低いジャイナ教が生き残っているのですから。

この案は「聖なる聖観音」を起点に展開しました。他の解説本では観自在菩薩に様々な役を与えていますが、ここでは「アーリア」を「アーリア人の」という訳に導く、もっとも適当な人物であった、という役割だけです。接頭辞のアーリアを付けて、違和感を持たせられるのはこの菩薩しかいないので、それだけでも重要な働きであったといえるでしょう。

これで調査はすべて終わりました。残りはガテーの訳と一切智者の確定です。一つ目のガテーですが、絶対的な条件は女性、単数であることです。先に書捜研から「観音様」と「摩耶夫人」という二人の候補者提示がありました。

まずは観音様から見ていきましょう。先に紹介しました通り、三十三変化がありま す。その中で女性の姿になるものをピックアップしてみましょう。
●優婆夷身《うばいしん》……四衆身、一般女性
●長者婦女身《ちょうじゃぶにょしん》……四種婦女、お金持ちの妻
●居士婦女身《こじぶにょしん》……四種婦女、在家の人の妻

●宰官婦女身《さいかんぶにょしん》　……四種婦女、公務員の妻
●婆羅門婦女身《ばらもんぶにょしん》……四種婦女、僧侶の妻
●童女身《どうにょしん》　　……童男童女二身、少女

四衆というのは仏教団に所属する比丘尼など、四種はここに出てきている長者、居士、宰官、婆羅門を意味します。六変化もあるのですね。などと感心している場合ではありません。最初に宣言した通り、決め手がなければ再捜査になってしまうのです。

もう一人は、釈尊の母、摩耶夫人でした。数人の中から選ぶ必要はありませんが、ガテーガテーに来るまで、登場を予測できるような場面はなかったと思います。ミステリーで最後に突然あらわれた人物が真犯人だとしたら、あなたは許せますか。その理由からも、摩耶夫人は候補から外すべきです。

そもそも仏教団は「男の世界」であり、女性は後から入門を許可された経緯もあるため、経典の最後を締めくくるには、ふさわしくないと感じます。こんなことを書くと男女差別だといわれそうですが、今は千五百年前を捜査していますのでお許し下さい。

というわけで、やはりここは釈尊か龍樹に締めていただきたいのです。姑息な手段かもしれませんが、男性が文法上何らかの方法で、女性として扱われる事例を探してみたいと思います。実際の捜査でも、男性だと思っていた犯人が女性だったということはあります。すべて調べたつもりでも、小さな穴からこぼれ落ちた証拠はあるものです。

もう一度、般若心経で使われている語を総ざらいします。形容詞や動詞は、どちらの性別も関係なく存在しますので、名詞に限定します。使われた「数」も重要な情報ですので、調査項目に含めます。冒頭からいきましょう。

●ジュニャー　……男性、単数
●サットヴァ　……男性、単数
●パーラミター……女性、単数
●チャリヤー　……女性、単数

女性、単数が出てきましたね。もう少し見てみましょう。

●チャラマーナ　　……男性、単数

●パンチャスカンダー……男性、複数
●スワバーヴァ　……男性、根
●ルーパ　……中性、単数
●シューニヤター　……女性、単数

たびたび途中で止めて申し訳ありません。もう少しで、捜査の目的を忘れてしまうところでした。

容疑は本当に「到彼岸の智恵」を説いているかどうか、ということでしたね。その一つの着眼点として「あの世が見えているか」を挙げました。

ガテーは「あの世に行った人」のことです。

あの世には色蘊も受蘊も何もありませんでした。つまりあの世にいたら、この世のことは見えないし、聞こえないのです。逆も同じで、この世にいたらあの世のことは何もわかりません。

それでは、あの世に行った人は、この世ではどうなるのでしょうか。その答は出ています。五蘊を残して魂は去っていくのです。五蘊はサンスクリットでパンチャスカンダーですので、男性、複数になります。しかし「空の理論」では別の語を使いました。それが形容詞の「シューニャ」です。

もうわかったでしょうか。ガテーは「魂の行動」をあらわすのであり、この世に残されるものは「魂の抜けた空き家」のようなものであったはずです。それが名詞の「シューニヤター」であり、人称は女性、単数でした。

つまり最後のマントラにあるボーディは、このシューニヤターを受けて女性、単数の形を取っているのです。ですから抜けていった魂は男性であっても成り立ちます。

これはミステリーであることを前提にしないと、得られない答です。待ちに待った、どんでん返しといってもいいですね。作者がミステリーを意識したのであれば、これが正解となるでしょう。

単なる形容詞と名詞との違いと考えていたシューニャとシューニヤターに、こんな秘密が隠されていたとは思いもしませんでした。

それではガテーが誰であるかの捜索を続けます。

ここまでの検討で、対象者が釈尊と龍樹の二人に絞られたことに異論はないでしょう。ストーリーの展開から考えると龍樹になりそうですが、仏典の場合、釈尊が最後に突然出てきても許されると思うのです。名の売れている名探偵も、このような登場の仕方はあり、批判を浴びるどころか最高の称賛を受けます。

ガテーを四回連ねたのも、逆に釈尊に、叱って欲しいという気持ちを込めたのかもしれません。

「完全に彼岸に往ける者」という称号も、釈尊以外には考えられません。完全に彼岸へ往ったものは、「如来」に限りなく近いからです。

従いまして、ここは仏教の理念を思い起こさせる意味を込めて、ガテーを釈尊に決定します。

細かいことを気にされる方は、ガテーが男性、処格になってしまうことを懸念するでしょう。これも般若心経の冒頭に布石があります。

「完全なる彼岸到達の智恵の深淵において」を憶えておられるでしょうか。あのときも、続く処格の一方を属格にしました。今回も呼格が続くという、同じシチュエーションになっています。

これらをまとめると、マントラは、「釈尊の悟りよ、幸あれ」となります。

いよいよ残りは一つ、一切智者の確定です。

ここで前提になってくるのは、彼岸に渡られた方にすると、声が届かないということです。ただのつぶやきが後世に残されるとも思えませんので、当時現存していた者か、将来あらわれることが期待される人物ということになります。

想像してみて下さい。龍樹が看板として存在している間、教団のトップは何をしていたのでしょうか。もしかしたら自分が一切智者であるとの錯覚に陥っていたのではないかと思うのです。

そんなトップを見たら、教団の誰かが初心に返れるよう助言をするはずです。最初に口にしたものが叱られれば、残された者は当然口が堅くなります。そして自分のいる間は駄目でも、将来のトップに改善を促す意味で記したのかもしれないのです。

そう考えると、冒頭の一切智者は龍樹ではなく、将来あらわれるであろう一切智者に向けてのメッセージだったと思うのです。

その者にミステリーを解かせるつもりだったのでしょうが、インドで仏教が消えてしまったことを考えると、失敗だったといわざるを得ません。

蛇足ながら三蔵法師玄奘が、自らの訳で一切智者を消してしまったのは、自分自身に向けられたメッセージであると判断したからではないでしょうか。

うぬぼれているのでは、と思った方は実態を見て下さい。

現在、密教を含めた大乗仏教が残っているのはチベット、中国、日本だけです。玄奘が布教をしなければインドだけでなく、世界中から消えてしまったかもしれないのです。

そして極東の地、日本では作者の意を汲んで、般若心経を排除する動きも出ました。この経典は、あるいはそれを自然に受け止めている日本で解かれる運命だったのかもしれませんね。

これですべての捜査は完了です。まずは登場人物を確認します。

①一切智者……将来あらわれる智者を捨てたくはありませんが、教団トップ

②観自在菩薩……アーリアの経典を引き出すためのキーパーソン

③舎利子……智者の代表。この人に理解できない経典は存在価値がない

④菩薩たち……大衆を解脱に導いてくれる先生
⑤仏様たち……菩薩たちのおかげで、成仏できた者たち
⑥往ける者……如来。ここでは釈尊
⑦語り部・作者……当時の投稿者、ブロガー
⑧舎利子に呼びかけている者……ポイントは「三度」なので、誰でも問題なし

次は構成です。

①南無一切智……宣言文
②観自在菩薩〜意識界……前半部、条件設定
③無無明〜無得……前半部、結論
④以無所得〜三菩提……後半部、条件設定
⑤故智般若〜能除一切苦……後半、結論
⑥真実不虚〜般若心経……まとめと感想

それでは訳の全文を披露しましょう。

「全智者を気取る、教団トップに物申す」

アーリア人の支配者は完全なる到彼岸の智恵の深淵において、過去現在未来における自身のカルマを遂行し、身体をなすものが五蘊であると知った。そしてそれが魂のない、空き家のようなものだと見切った。仏教では、この世では五蘊が魂を欠いたものであることと、あの世の仕組みを説いた。しかし智恵一番と呼ばれた舎利子に理解できない経典では、誰が読んでも何も得ることはできない。

だから人々は解脱を目前にした菩薩たちをお手本にしている。仏典では涅槃に入れないことに気付いてしまったのだ。

この方法は過去、現在、未来に渡って、解脱をする最上の方法だ。

教団は、アーリアの聖典でいわれているように「すべてを知る者は、すべてを知らない愚者を動揺させてはならない」ということを学ばなければならない。

これが到彼岸を完成させるたった一つの方法で、偽りのない真実だ。

智恵の完成を成し遂げたら、こう呟くだろう。釈尊の悟りよ、幸あれ。

これで「完全なる到彼岸の智恵」への助言を終わる。

夢と愛

捜査の結果、この経典は一人の全智者に向けられたメッセージであり、何も知らない大衆が読んで、何かを得られるものではないことがわかりました。

現代において、これが尊い経典であると勘違いしたのは、何といっても題名の付け方が原因です。最後の「フリダヤ」を、そのまま「心髄」と訳して「経」を付けたのでしたね。もう少し他の意味を吟味していたら、こんな間違いは防げたかもしれません。

玄奘訳は、キーポイントとなった語句の省略が多く見られます。親鸞、日蓮はよく見抜いたものだと感心します。

しかし解明はできたものの、この捜査内容では、とても起訴まで持っていくことはできません。一応あの世のことは書かれていますし、龍樹も玄奘も、大衆をだましてやろうという意図はなかったのですから。

現在唱和、写経など、何らかの形で般若心経に親しんでいる方は、どれくらいおられるでしょうか。ＳＮＳのツイートなどから判断すれば、その多くは安らぎを得ているのですね。

信じることはバクティヨーガになりますので、間違って意味をとらえていたとしても、安らぎを得て解脱できるのかもしれません。つまり私がしたことは、そんな純粋な行為を邪魔したことになるのです。

しかし間違って憶えたことは、その意味を知る日も来ます。友人知人に、般若心経を勧めておられる方であれば、かならず来ると思っていた方がいいでしょう。それを知った瞬間、迷いが生じます。迷いは安らぎを打ち消します。バクティヨーガは疑いなく信じることが絶対条件なので、迷いが生じた瞬間に成立しなくなるのです。

間違いを正し、少しでも理に敵った方法で解脱を目指すか、甘い嘘にだまされながら、心の平安を保ったまま一生を終えるか。そもそも解脱など必要なく、転生を繰り返して同じような人生を送るか。

あなたが今、健康で幸せな人生を送っているなら、この問いに対して正確な判断をするのは困難です。というより、老いたときに、このまま解脱するのと若返るのとでは、どちらがいいと聞かれたらどうしますか。

人は死ぬとき、おそらくこの問いに答えているはずなのです。そして百人中百人が老いたまま終わるよりは、また人生をやり直したいと考えると思います。しかし悔いのない人生を送った人、かけがえのない家族や友人と別れたくない人は、このまま永遠の命を得たいはずです。

前世の記憶が消えるのは、赤ん坊としてこの世に生まれるときだという考えもあります。転生しなければ楽しかった記憶は永遠に残り、老いてゆく身体を持つこともありません。ラージャヨーガが成立すれば、永遠に楽しみを享受することができるのです。一般に覚めない夢はない、といわれますが、覚めない夢こそが解脱なのです。

今まで堕落した生活を送っていた人は、解脱などできるわけはないと考えるかもしれません。しかし、人殺しなどの犯罪者でなければ、何歳からでも解脱は可能だと思います。

この先、コロナ禍や円安で日本がどうなっていくかはわかりません。戦争ができる国を目指す人が首相になれば徴兵制度がはじまって、人を殺す訓練がはじまるかもしれません。そんなとき、あなたの持っている般若心経の解説本は、あなたを救ってくれるでしょうか。

宗教家の方にも聞きたいです。ガテーガテーを唱えれば悩みが解決したり、生きるための智恵があるなど、般若心経のどこに書いてあるのですか。書いてあるなら誤魔化しのない正確な訳で、それを広めて下さい。

嘘で衆生をだましていたら、近いうちに誰かがＳＮＳで発信しますよ、こんな宗教ならいらないと。

伝播力の強いインフルエンサーに拡散されたら、賛同者は一気に増えます。釈尊の国であるインドでも、仏教は一度姿を消しました。

現在、中流以上の家庭では、葬式以外に宗教は必要とされていません。その葬式も安価な家族葬へとシフトしつつあります。中には葬式も挙げずに火葬場に直行する直葬も、近年では増えてきたと聞きます。それでも気持ちの上では葬式はした方がいいと考えている方は多いです。

科学が発展すれば、いずれ「あの世」の仕組みも解き明かされるでしょう。その日が来るまで、いえ、来ないことを願って甘い嘘を説き続けるのでしょうか。

価値観が多様化した現代で、死後に生きたい世界は、人の数だけ存在します。

現代はネットの時代ですから、まずは自分の想像する浄土、天国を語っている方を探しましょう。もっとも尊敬する、あるいは憧れる人は、私にいわれるまでもなくいるでしょう。そしてその崇める人に、とにかく触れる。ネットでも書物でも、可能なら会いにいく。そしてその人の生き方を真似する。それで満足できれば、浄土にでも天国にでも行けます。

ジャニーズなどアイドルのコンサートで、失神する女の子がいますね。信じられないと思われる方もおられるでしょうが、その場で死んでしまったら間違いなく浄土に行けます。ヨーガとは、ある意味そういうものなのです。

ただ、この方法で浄土に行けるのは、マヌ法典のヴァルナ（カースト制度）に書いてある中の、シュードラ（労働者、奴隷階級）と女性だけです。バラモン、クシャトリア、ヴァイシャは、生まれる前から持っていたカルマがあります。それは、この世ではまだ形になっていない「夢」です。夢を持つ人は、それを実現することでしか浄土に行く道はありません。

よく「僕の夢はイチローさんのような野球選手になることだ」とか「私は日本一のパティシエになることが夢なんです」などと耳にすることがありますが、ほとんどの場合、それは目標とか願望であって夢ではありません。

どう見分けるかは簡単です。すでに形となってこの世にあるものは夢とはいわないのです。それはつまり、語っている人がシュードラであるかどうかの判断基準にもなります。

どんな男性が好きですかと聞かれて、夢を持っている人と答える女性がいますね。これはとてもいいことです。しかしそれが本当の「夢」であるかは見極めなければなりません。好きになった男の夢を一緒に叶えることができれば、その女性も一緒に浄土へ行き、永遠に愛することができます。

釈尊は、愛を欲望であると否定していますが、これは男性に対しての考えで、女性が男性や我が子を愛することは否定していません。

女性は自分で夢を持つことはありませんが、夢を持つ男性を愛することで夢を実現することができます。代表例はマザーテレサですね。彼女は恋人であるイエスの意志を現実にするために尽力しました。肉体がなくても愛することはできるのです。

愛することはすべての女性が持つカルマです。ぜひ夫婦、あるいは恋人どうしで、そろって成仏して下さい。

最後に

作者がどんな意図でこれを記したかはわかりませんが、少なくともミステリーとして見た場合、ポイントはかなり高いと感じられました。それも2ツィートサイズに、これだけのトリックを織り込んだものを読んだのははじめてです。

訳をするにあたり、私は作者を追い込んでいたでしょうか。主人公が追い込まれない作風の推理小説もありますが、やはり急いでページをめくりたくなる作品は、主人公が危機一髪になるものです。

しかし般若心経の作者は、それを望んでいないように感じられました。切羽詰まった感じがなかったのです。

それはなぜかと考えてみて、ふとツイッターに並んでいるつぶやきを思い出したのです。

皆さん、ちょっとした気付きを、うれしそうにアップしています。川柳と同じで、深刻なことでもユーモアを交え、感情的にならずに発信されておられる方もいます。

般若心経が記された時代は、仏教団もまだ危機的な状況にはありませんでした。作者も、このまま行ったら、こうなってしまうぞと冗談まじりにミステリー仕立てにしたのではないでしょうか。

無名の川柳でも秀作は読み継がれていきます。般若心経もミステリーとして秀作であったため、後世に残されたのではないかと思うのです。切羽詰まった状況であったなら、こんなミステリー仕立てにする余裕はなかったでしょう。

サンスクリットは、ものすごく自由に訳せる言語です。もちろん文法は守らねばなりませんが、それでもまだまだ見逃したトリックや、いい残したかったことはあると思います。

2ツイートサイズというコンパクトな中に、これでもかというほどの迷路を織り込んだ作品です。これだけの作品を残した作家なら、もっと楽しんで欲しいと願っているに違いありません。

大学などの研究機関や僧侶から見れば、この本は邪道かもしれません。しかし般若心経はすばらしいミステリーだと信じます。ぜひ皆さんも謎解きに挑戦してみて下さい。

サマープタン

●参考文献

『現代語訳・般若心経』玄侑宗久著（筑摩書房）
『寂聴 般若心経〜生きるとは』瀬戸内寂聴著（中央公論新社）
『１００分で名著ブックス　般若心経』佐々木閑著（ＮＨＫ出版）
『サンスクリット入門　般若心経を梵語原典で読んでみる』涌井和著（明日香出版社）
『「般若経典」を読む』藤丸智雄、鈴木健太著（角川学芸出版）
『暗号は解読された　般若心経』岩根和郎著（献文舎）
『一般人にとっての『般若心経』—変化する世界と空の立場』幸津國生著（花伝社）
『金剛般若経・般若心経研究』小林利裕著（近代文芸社）
『空の論理　ニヒリズムを超えて』矢島羊吉著（法蔵館）
『自分さがしの般若心経』松原哲明著（日本放送出版協会）
『自由訳　般若心経』新井満著（朝日新聞社）
『新釈「般若心経」入門—到彼岸への修行を説く』中野裕道著（アートブック本の森）
『図解　般若心経のすべて』花山勝友著（光文社）

『蔵文和訳　一万頌般若経』林純教著（大東出版社）
『超訳・般若心経』境野勝悟著（三笠書房）
『般若心経・金剛般若経』中村元著（岩波書店）
『般若心経とは何か』宮元啓一著（春秋社）
『般若心経と生きる―13人が贈る人生の指針』中日新聞社出版部編（中日新聞社）
『比叡山延暦寺の大僧正が語る 般若心経のすべて』小林隆彰著（新人物往来社）
『般若心経の新しい読み方』立川武蔵著（春秋社）
『般若心経は間違い？』アルボムッレ・スマナサーラ著（宝島社）
『般若心経 現代語訳―釈迦の怒りと二千四百年目の真実』久次米広文著（ＭＢＣ２１）
『般若心経の謎を解く―誰もがわかる仏教入門』三田誠広著（文春ネスコ）
『仏教のエッセンス『般若心経』』村上太胤著（四季社）
『牧師の読み解く般若心経』大和昌平著（ヨベル）
『浄土三部経講義』柏原祐義著（平楽寺書店）
『法句経』友松圓諦著（講談社）
『ブッダのことば　スッタニパータ』中村元著（岩波書店）
『菩薩―仏教学入門』速水侑著（東京美術）

参考文献

『ヨーガとサーンキヤの思想』中村元著（春秋社）
『サーンキャとヨーガ』真下尊吉著（東方出版）
『ギーター・サール　バガヴァッドギーターの神髄 インド思想入門』
　A・ヴィディヤーランカール著、長谷川澄夫訳（東方出版）
『サンスクリット版全訳 維摩経 現代語訳』植木雅俊著（ＫＡＤＯＫＡＷＡ）
『バガヴァット・ギーター』上村勝彦著（岩波書店）
『ヴァイシェーシカ・スートラ―古代インドの分析主義的実在論哲学』カナーダ編、宮元啓一訳
（臨川書店）
『マヌの法典』田辺繁子訳（岩波書店）
『仏教の思想 3 空の論理〈中観〉』梶山雄一、上山春平著（角川書店）
『論語』金谷治訳（岩波書店）
『投影された宇宙―ホログラフィック・ユニヴァースへの招待』マイケル・タルボット著、川瀬勝訳
（春秋社）
『胎内記憶―命の起源にトラウマが潜んでいる』池川明著（角川ＳＳコミュニケーションズ）
『輪廻転生〈私〉をつなぐ生まれ変わりの物語』竹倉史人著（講談社）
『はじめて学ぶ生命倫理「いのち」は誰が決めるのか』小林亜津子著（筑摩書房）

『ミステリーを書く！10のステップ』野崎六助著（東京創元社）
『忍術の歴史―伊賀流忍術のすべて』奥瀬平七郎著（上野市観光協会）
『月刊ムー第34巻10号付録　仏尊の印と真言事典』（学研）
『サンスクリット原文で『般若心経』を読む』大崎正瑠著
（日本大学商学部発行『総合文化研究』総合文化研究第19巻第１・２号合併号）
『まんどぅーかのサンスクリット・ページ』
（http://www.manduuka.net/sanskrit/index.htm）

〈著者プロフィール〉
岩佐 流位（いわさ　るい）

1959年生まれのウルトラQ世代。愛知県在住。

1983年、信州大学工学部卒業後、自動車部品製造会社に就職し、現在に至る。

小さいころから昆虫少年で、UFOやUMAなどの怪奇現象に広く興味を持っていたが、50歳を過ぎた頃から宗教に触れ、様々な現象と密接な関係を持つ古文書があることを知る。現在は、精神世界の分野を科学と結びつけ、多くの人に理解をしてもらうことが自身に課せられた天命だと思い始めている。

著書：『男系女性天皇の正当性と女系天皇』（たま出版）

ミステリーで解く般若心経

2023年1月28日　初版第1刷発行

著　者　岩佐 流位
発行者　韮澤 潤一郎
発行所　株式会社 たま出版
〒160-0004 東京都新宿区四谷4－28－20
☎ 03-5369-3051（代表）
FAX 03-5369-3052
http://tamabook.com
振替　00130-5-94804

組　版　マーリンクレイン
印刷所　株式会社エーヴィスシステムズ

ISBN978-4-8127-0463-9 C0011